여행자를 위한

일본어 회화

(日本語 會話)

1945
문 예 림

저자 : 김 영 진 (金榮振)

※ 현재는 「김영진 일본어 문화센터」에서 회원들을 위해 「김영진 개인지도 일본어 첫걸음 ①②③」을 무료로 강의하고 있음.
• 자세한 것은 www.jajaja.or.kr에서 확인바람.

〈주요 저서〉
• 알기쉽게 설명한 김영진 일본어 문법 핵심정리
• 한글만 알면 꿩 먹고 알 먹는 일본어 첫걸음
• 한달만에 끝내는 일본어능력시험 한자읽기 총정리
• 한달만에 끝내는 일본어능력시험 문자어휘 핵심정리
• 김영진 개인지도 일본어 첫걸음 ①②
• 그 외 다수 있음.

여행자를 위한 일본어회화

초판3쇄 인쇄 2005년 9월 1일 / 초판 2쇄 발행 2005년 9월 10일
저자 김영진 / 발행인 서덕일 / 발행처 도서출판 문예림
출판등록 1962년 7월 12일 제 2-110호
주소 : 서울 광진구 군자동 195-21호 문예B/D 201호
전화 : 02-499-1281~2 / 팩스 : 02-499-1283
http://www.bookmoon.co.kr / E-mail : my1281@lycos.co.kr

ISBN 89-7482-224-5(13730)

머리말

요즘 일본 여행은 국내 여행만큼이나 간편해져서, 비행기나 배로 많은 분들이 일본으로 여행을 떠납니다. 그러나, 일본어는 다른 나라 언어들과는 달리 막연하게 쉽다고만 생각하고 있다가, 막상 일본으로 여행을 떠날 때쯤이면 어떻게 하는 것이 좋을까하고 고민하는 분들이 많이 계십니다.

그래서 수많은 일본어 가운데서도 우리 일상 생활에 빼놓을 수 없는 표현들만을 선택하여 일목요연하게 정리하여 누구나 손쉽게 말할 수 있도록 편집하였습니다.

간단한 이 책 한 권이 독자들의 일본 여행에 조금이라도 보탬이 된다면 이보다 더한 기쁨은 없으리라고 생각합니다. 아무쪼록 이 책을 통해서 즐거운 일본 여행이 될 것임에 틀림없다고 저는 굳게 확신합니다.

2003. 4. 김 영 진

목 차

목 차

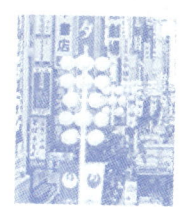

SOS 긴급 상황

제 1 장

인사 I

　　일본인의 하루는 아침 일어날 때부터 저녁 잠자리에 들 때까지, 인사로 시작해서 인사로 끝나는 것이 특징이다. 이처럼 인사하기를 좋아하는 일본인들과 생활하다가 귀국해서도 평소의 습관대로 인사를 하다보면 주위의 사람들로부터 칭찬을 많이 듣게 마련이다.

　　일본이라는 사회는 모든 것이 어떤 상자 속에 들어가 있는 것처럼 규격화되어 있는데, 그 중에 아침 인사와 오후 인사, 그리고 저녁 인사, 헤어질 때의 인사도 규격화되어 있다.

1 안녕(잘 잤니). 〈아침 인사〉
①

2 안녕하세요. (안녕히 주무셨어요)
①

3 안녕하세요. 〈낮 인사〉
①

4 안녕하세요. 〈저녁 인사〉
①

5 오래간만이군요.
①

6 오래간만입니다. 〈정중한 표현〉
①

7 오랫동안 인사를 못 드렸습니다.
①

1 <u>오 하 요-</u>
おはよう。
①

2 <u>오 하 요- 고 자 이 마 스</u>
おはよう ございます。
①

3 <u>콘 - 니 찌 와</u>
こんにちは。
①

4 <u>콤 - 방 - 와</u>
こんばんは。
①

5 <u>시 바 라 꾸 데 시 타</u>
しばらくでした。
①

6 <u>오 히 사 시 부 리 데 스 네</u>
おひさしぶりですね。
①

7 <u>고 부 사 따 시 떼 오 리 마 스</u>
ごぶさたして おります。
①

1 처음 뵙겠습니다.
　　　①

2 저는 '김' 이라고 합니다.
　　①　　　　②

3 만나 뵙게 되어서 기쁩니다.
　　　　①　　　　　②

4 만나 뵐 수 있게 되어서 반갑습니다.
　　　　①　　　　　　②

5 아무쪼록 잘 부탁합니다.
　　①　　　②

6 아무쪼록 잘 부탁드립니다. 〈정중한 표현〉
　　①　　　②

7 저야말로 잘 부탁드립니다.
　　　　①

① 하 지 메 마 시 떼
はじめまして。
①

② 와 따 시 와　김 또　모 - 시 마 스
わたしは 金と もうします。
①　　　　②

③ 오 아 이 데 끼 떼　우 레 시 - 데 스
おあいできて うれしいです。
①　　　　②

④ 오 메 니 카 까 레 떼　우 레 시 - 데 스
お目にかかれて うれしいです。
①　　　　②

⑤ 도 - 조　요 로 시 꾸
どうぞ よろしく。
①　　②

⑥ 도 - 조　요 로 시 꾸　오 네 가 이 시 마 스
どうぞ よろしく おねがいします。
①　　②

⑦ 코 찌 라 꼬 소
こちらこそ。
①

1. 그럼 또 만나요.
   ①

2. 안녕히 가세요(계세요).
   ①

3. 안녕, 그럼 또 만나요.
   ①   ②

4. 그럼 몸 건강히 안녕히 계세요(가세요).
   ①   ②   ③

5. 안녕히 계세요(가세요).
   ①

6. 모든 분께 안부 전해 주세요.
   ①   ②

7. 안녕히 가세요(안녕히 주무세요).
   ①

1 쟈 ― 마 따
じゃあ また。
___①___

2 사 요 ― 나 라
さようなら。
___①___

3 사 요 ― 나 라　　　쟈 ―　　　마 따
さようなら。　じゃあ, また。
___①___　　　　　　___②___

4 쟈 ―　　오 겡 ― 끼 데　　사 요 ― 나 라
じゃあ, おげんきで, さようなら。
___①___　　　___②___　　　　___③___

5 고 끼 겡 ― 요 ―
ごきげんよう。
___①___

6 미 나 사 마 니　요 로 시 꾸
みなさまに よろしく。
___①___　　　___②___

7 오 야 스 미 나 사 이
おやすみなさい。
___①___

제 **2** 장
인사 Ⅱ

가이드의 설명

서양인들처럼 우리 한국인들도 악수를 너무 많이 남발하는 경우가 있는 듯이 느껴져, 때로는 악수없이 인사를 주고받으면 왠지 서운한 느낌이 들곤 한다. 그러나 일본인의 경우, 외국인과 자주 접하지 않은 사람들은 처음으로 소개 인사와 함께 명함은 주고받아도 악수는 하지 않는다. 그 대신, 허리와 목을 1자로 똑바로 펴서 겸손하다는 상징으로 분위기에 따라서 15도, 30도, 45도, 60도 각도로 규격화하여 몸을 숙여서 인사를 하는 것이 습관화되어 있다.

인사 Ⅱ

① 갖다 오겠습니다.
①

② 다녀 오겠습니다. 〈정중한 표현〉
①

③ 다녀 오세요.
①

④ 다녀 오십시오. 〈정중한 표현〉
①

⑤ 다녀 왔습니다.
①

⑥ 어서 돌아와요.
①

⑦ 어서 돌아오십시오. 〈정중한 표현〉
①

1 잇 떼　키 마 스
いって きます。
　　①

2 잇 떼　마 이 리 마 스
いって まいります。
　　①

3 잇 떼 랏 샤　이
いってらっしゃい。
　　①

4 잇 떼　이 랏　샤　이
いって いらっしゃい。
　　①

5 타 다 이 마
ただいま。
　①

6 오 까 에 리
おかえり。
　①

7 오 까 에 리 나 사 이
おかえりなさい。
　　①

17

인사 Ⅱ

① 안녕하세요? (건강은 어때요?)
　　①

② 안녕하십니까?(건강은 어떻습니까?)
　　①

③ 덕분에 잘 있습니다.
　　①　　　②

④ 별고 없으십니까?
　　①　　②

⑤ 여전합니다.
　　①

⑥ 그건 다행입니다.
　　①　　②

⑦ 조금 몸 상태가 안 좋습니다.
　　①　　②　　　③

1 오 겡 끼데스까
おげんきですか。
①

2 오 겡 끼데 이랏 샤 이마스까
おげんきで いらっしゃいますか。
①

3 오 까게 사마데 겡 끼 데스
おかげさまで げんきです。
① ②

4 오 까와리 아리마 셍 까
おかわり ありませんか。
① ②

5 아이까와 라즈데스
あいかわらずです。
①

6 소 레와 켁 -꼬-데스네
それは けっこうですね。
① ②

7 스꼬시 구아이가 와 루 인 데스
すこし ぐあいが わるいんです。
① ② ③

19

1 잘 먹겠습니다.
　　①

2 맛있게 잘 먹었습니다.
　　　　　①

3 변변치 못했습니다.
　　　①

4 좀 더 드시겠습니까?
　①　②　　　③

5 많이 먹었습니다.
　　①

6 이젠 충분합니다.
　①　　　②

7 이젠 됐습니다.
　①　　②

1 이 따다 끼마스
いただきます。
①

2 고 찌소 - 사마데시따
ごちそうさまでした。
①

3 오 소마츠사마데시따
おそまつさまでした。
①

4 모 - 스꼬시 이 까가데스까
もう すこし いかがですか。
① ② ③

5 모 - 탁 - 산 데 스
もう たくさんです。
①

6 모 - 쥬 - 분 - 데 스
もう じゅうぶんです。
① ②

7 모 - 켁 - 꼬 - 데 스
もう けっこうです。
① ②

제 **3** 장

인사 Ⅲ

가이드의 설명

　　약속한 손님이 오셨을 때, "콘니찌와=안녕하세요?" 또는 "이랏샤이마세=어서 오십시오."라고만 인사를 한다면, 상대방에게 강한 느낌을 주지 못하므로, 이러한 경우에는 "오마찌시떼 오리마시따=기다리고 있었습니다."라는 말을 추가로 한다면, 그 말을 듣는 순간 '아 내가 극진한 대우를 받고 있구나.' 하고 강한 인상을 받아 마음속 깊이 간직하게 된다.　또 현관에 슬리퍼가 준비되어 있다면, 이것은 "당신을 환영합니다."라는 전형적인 일본식 의사 표시이므로, 떠나올 때는 슬리퍼는 제자리에 놓아두고 나온다면 이것도 상대방에 대한 예의가 된다.

고마울 때

1 감사합니다.
　　①

2 대단히 감사합니다.
　　①　　　②

3 감사합니다.(수고하셨습니다)
　　①

4 대단히 감사합니다.(대단히 수고하셨습니다)
　　①　　　②

5 친절에 정말 감사드립니다.
　　①　　②　　　③

6 훌륭한 물건을 주셔서 감사합니다.
　　①　　②　　　③

7 아니에요, 천만의 말씀입니다.
　　①　　　②

1 ありがとう　ございます。
　　　　아 리 가 또 -　고 자 이 마 스
　　　　　　　　　①

2 どうも　ありがとう　ございます。
　　도 - 모　아 리 가 또 -　고 자 이 마 스
　　　①　　　　　　②

3 ありがとう　ございました。
　아 리 가 또 -　고 자 이 마 시 따
　　　　①

4 どうも　ありがとう　ございました。
　도 - 모　아 리 가 또 -　고 자 이 마 시 따
　　①　　　　　　②

5 ご親切に　どうも　ありがとう　ございました。
　고 신 세쓰니　도 - 모　아 리 가 또 -　고 자 이 마 시 따
　　①　　　②　　　　　③

6 結構な　物を　ありがとう　ございました。
　켁꼬 - 나　모노오　아 리 가 또 -　고 자 이 마 시 따
　　①　　②　　　　　③

7 いいえ。どういたしまして。
　이 - 에　도 - 이 따 시 마 시 떼
　　①　　　　②

인사 Ⅲ

1 미안합니다.
①

2 미안하게 되었습니다.
①

3 대단히 미안합니다.
①   ②

4 용서하세요. (미안해요)
①

5 무어라고 말씀드려야 할지 모르겠습니다.
①

6 실례했습니다.
①

7 정말 죄송합니다만… 〈정중한 표현〉
①

① 스 미 마 셍
1 すみません。
　　①

② 스 미 마 셍　데 시 따
2 すみませんでした。
　　　①

③ 도 - 모　스 미 마 셍
3 どうも すみません。
　　①　　　　②

④ 고 멘 - 나 사 이
4 ごめんなさい。
　　①

⑤ 모 - 시 와 께 고 자 이 마　셍
5 申しわけございません。
　　　①

⑥ 시 츠 레 - 시 마 시 따
6 しつれいしました。
　　①

⑦ 오 소 레 이 리 마 스　가
7 恐れ入りますが……。
　　　①

1 드릴 말씀이 없습니다.
①

2 정말로 드릴 말씀이 없습니다.
① ②

3 정말로 드릴 말씀이 없습니다.
① ②

4 참석을 못하므로 양해해 주십시오.
① ②

5 아니오, 사과하실 것까지는 없습니다.
① ②

6 오래 기다리게 해서 죄송합니다.
①

7 너무 많이 기다리셨죠.(늦어서 미안합니다)
①

① 모-시와께아 리 리마셍
申しわけありません。
①

② 혼 - 또 - 니　모-시와께 고 자이마 셍
ほんとうに　申しわけございません。
①　　　　　　　②

③ 마 꼬또니　모-시와 께고 자이마 셍
まことに　申しわけございません。
①　　　　　　②

④ 슛세 끼데끼마셍 노데　고 료-쇼-쿠다 사 이
出席できませんので　ご了承ください。
①　　　　　　　　②

⑤ 이 - 에　오 와비니와 오요비마 셍
いいえ。おわびには及びません。
①　　　　②

⑥ 오 마 따세시 마시따
お待たせしました。
①

⑦ 오 마 찌 도-사 마 데시따
お待ち遠様でした。
①

제 **4** 장

인사 Ⅳ

가이드의 설명

　　선물을 주고받을 때, 질(質)과 양(量)을 따지는 한국인들에게 일본인들의 선물은 한마디로 별볼일 없는 선물이 되고 만다. 그 이유는, 일본인들의 선물 문화는 질과 양을 따지는 것이 아니라, 마음에서 우러나온 성의의 표시이므로 부담없이 주고받을 수 있어야 한다.　　그래서 일본인들의 선물은 서로 부담을 주지 않는 볼펜 한 자루, 손수건 한 장, 종이 인형, 간단한 과자 등을 한다. 그러나 부채를 선물하는 경우, "이것은 당신을 존경합니다."라는 뜻이 내포되어 있다는 것을 알아두면 도움이 된다.

인사 Ⅳ

1 <u>폐가 되시겠지만</u>, <u>부탁드립니다.</u>
　　　　①　　　　　　　②

2 <u>폐를 끼쳤습니다.</u>
　　　①

3 <u>신세를 졌습니다.</u>
　　　①

4 <u>정말로</u> <u>신세를 졌습니다.</u>
　　①　　　　②

5 <u>정말</u> <u>폐를</u> <u>끼쳐서</u> <u>미안합니다.</u>
　①　　②　　　③

6 <u>수고했습니다.</u> 〈손아랫사람에게〉
　　　①

7 <u>수고하셨습니다.</u> 〈손윗사람에게〉
　　　①

1 ご面倒ですが お願いします。
　　고 멘 도-데 스 가　오 네가이 시 마 스
　　　　①　　　　　　　②

2 ご迷惑を かけました。
　　고 메-와 꾸오　카 께 마 시 따
　　　　　①

3 お世話になりました。
　　오 세 와 니 나 리 마 시 따
　　　　　①

4 どうも お世話に なりました。
　　도 - 모　오 세 와 니　나 리 마 시 따
　　　①　　　　②

5 どうも お世話をかけて すみません。
　　도 - 모　오 세 와 오 카 께 떼　스 미 마 셍
　　　①　　　　②　　　　　③

6 ご苦労さまでした。
　　고 꾸 로-사 마 데 시 따
　　　　①

7 ありがとう ございました。
　　아 리 가 또-　　고 자 이 마 시 따
　　　　①

① 실례합니다(계십니까?). 〈현관 벨을 누르면서〉
　　①

② 어서 오십시오.
　　①

③ 잘 오셨습니다.
　　①

④ 정말로 잘 오셨습니다.
　　①　　②

⑤ 어서 올라오십시오.
　　①　　②

⑥ 실례하겠습니다. 〈현관에서 신발을 벗기 전에〉
　　①

⑦ 실례하겠습니다. 〈집안으로 들어가면서〉
　　①

① 고 멘 쿠 타 사 이
① ご免ください。
___①___

② 이 랏   샤   이 마 세
② いらっしゃいませ。
___①___

③ 요 꾸 이 랏   샤   이 마 시 따
③ よく いらっしゃいました。
___①___

④ 요 - 꼬 소   오 이 데 쿠 다 사 이 마 시 따
④ ようこそ おいでくださいました。
___①___   ___②___

⑤ 도 - 조   오 아 가 리   쿠 다 사 이
⑤ どうぞ お上がり ください。
___①___   ___②___

⑥ 오 쟈   마 시 마 스
⑥ おじゃまします。
___①___

⑦ 시츠레-시 마 스
⑦ 失礼します。
___①___

1 축하해(축하해요).
　　①

2 축하합니다.
　　①

3 진심으로 축하드립니다.
　　①　　　　　②

4 참 잘 됐다.
　　①

5 참 잘 됐군요.
　　　①

6 정말 잘 됐군요.
　　①　　②

7 잘 되었습니다. 〈정중한 표현〉
　　①

1
오 메 데 또 -
お目出とう。
①

2
오 메 데 또 -　　고 자 이 마 스
お目出とう　ございます。
①

3
오 이 와이　　모 -시 아 게 마 스
お祝い　申し上げます。
①　　　　　　②

4
요 깟　　따 네
良かったね。
①

5
요 깟　　따 데 스 네
良かったですね。
①

6
혼 - 또 - 니　　요 깟　　따 데 스 네
ほんとうに　良かったですね。
①　　　　　　②

7
요 로 슈 -　　고 자 이 마 시 따 네
よろしゅうございましたね。
①

제 **5** 장

공항에서

가이드의 설명

일본의 어느 공항이든지, 입국 수속을 밟는 곳에는 일본인 전용 카운터와 외국인만을 위한 카운터가 따로따로 나뉘어져 있다. 카운터에서 여권을 제시하면 일본 담당관들은, 옛날에 비해서는 한국인에 대하여 그렇게 까다롭게 대하지 않는다. 그러나 간혹 기본적인 질문을 하는 수가 있다.

그리고 짐을 찾아 세관으로 가면 반드시 여권을 보여 달라고 하는데, 그 것은 어느 나라 사람인지 확인하고 대처하려고 하는 것이다. 특히, 세관원 은 술과 담배를 소지하지 않는 사람에게는 웬만하면 짐 검사도 생략하는 수가 많다.

공항의 필수 표현

〈입국수속〉

① 어느 정도 머무르실 예정입니까?
　　① ② ③

② 동경에서는 어디에 머무르십니까?
　　① ② ③

③ 어느 호텔에 묵으십니까?
　　① ② ③

④ 나까무라 씨와는 어떤 관계입니까?
　　① ② ③

〈세관에서〉

⑤ 여권을 보여 주세요.
　　① ② ③

⑥ 신고할 물건을 갖고 계십니까?
　　① ② ③

⑦ 술이나 담배는 갖고 계십니까?
　　① ② ③

〈入国手続き〉 뉴-꼬꾸테쯔즈끼

① どのくらい ご滞在の 予定ですか。
도노쿠라이　고 따이자이 노　요떼이 데 스 까
① ② ③

② 東京では どこに ご滞在ですか。
토- 꾜- 데 와　도 꼬니　고 따이자이 데 스 까
① ② ③

③ どこの ホテルに お泊まりですか。
도 꼬 노　호떼루니　오 또마 리 데 스 까
① ② ③

④ 中村さんとは どういう 関係ですか。
나까무라 산　또 와　도 - 유 - 캉-께-데 스 까
① ② ③

〈税関で〉 제이 깐 데

⑤ パスポートを 見せて ください。
파 스 뽀 - 또오　미 세떼　쿠 다 사 이
① ② ③

⑥ 申告する 物を お持ちですか。
싱 꼬꾸 스 루　모노오　오 모 찌 데 스 까
① ② ③

⑦ お酒や たばこは お持ちですか。
오사께 야　타 바 꼬 와　오 모 찌 데 스 까
① ② ③

공항

탑승수속의 필수 표현

1 JAL의 카운터는 어디입니까?
　　① 　　② 　　③

2 짐은 이것뿐입니까?
　　① 　　②

3 좌석은 창문쪽과 통로쪽, 어느 쪽으로
　　① 　　② 　　③ 　　④

하시겠습니까?
　　⑤

공항

4 탑승은 몇 번 게이트입니까?
　　① 　　② 　　③

5 탑승은 10번 게이트입니다.
　　① 　　② 　　③

6 탑승시간은 10시 반부터입니다.
　　① 　　②

7 비행기는 어느 정도 늦어집니까?
　　① 　　② 　　③

① 자-루노　카운따-와　도꼬데쇼　-까
JALの カウンターは どこでしょうか。
　　①　　　　　②　　　　　　③

② 오니모쯔　와　코레다께데스까
お荷物は これだけですか。
　①　　　　　②

③ 오 자세끼와　마도가와 또　츠-로 가와　　도 찌라니
お座席は 窓側と 通路側、 どちらに
　①　　　②　　　③　　　④

나사이마스까
なさいますか。
　⑤

④ 토-죠-와　남-반　게-또데스까
搭乗は 何番 ゲートですか。
　①　　②　　③

⑤ 고토-죠-와　쥬-반　게-또데스
ご搭乗は 10番 ゲートです。
　①　　②　　③

⑥ 고토-죠-지꼬꾸와　쥬-지항까라데스
ご搭乗時刻は 十時半からです。
　①　　　　　②

⑦ 히꼬-끼와　도레쿠라이　오꾸레마스까
飛行機は どれくらい 遅れますか
　①　　　②　　　③

1 금연석으로 부탁합니다.
　　　① 　　　　②

2 짐은 이것이 전부입니다.
　　① 　② 　　③

3 공항 이용료는 1인당 2,700엔입니다.
　　　　① 　　　　② 　　③

공항

4 수하물 보관소는 어딥니까?
　　① 　　② 　　　③

5 이 짐을 맡기고 싶은데요...
　① ② 　　　③

6 이 용지에다 기입해 주십시오.
　① 　② 　　　③

7 맡긴 짐을 꺼내 주세요.
　① 　② 　　③

1 禁煙席に お願いします。
킹 엔 세끼니 / 오 네가 이 시 마 스
① ②

2 荷物は これが 全部です。
니모 쯔 와 / 코 레 가 / 젬 부데 스
① ② ③

3 空港税は 一人当たり 2,700円です。
쿠- 꼬- 제이 와 / 히또리 아 따리 / 니센나나 햐꾸 엔 데 스
① ② ③

4 手荷物預かり所は どこでしょうか。
테 니모 쯔 아즈 까 리쇼와 / 도꼬데 쇼 - 까
① ② ③

5 この 荷物を 預けたいんですが。
코 노 / 니모 쯔 오 / 아즈 께 따인 - 데 스 가
① ② ③

6 この 用紙に ご記入 ください
코 노 / 요- 시 니 / 고 끼뉴- 쿠 다 사 이
① ② ③

7 預けた 荷物を 出して ください
아즈 께 따 / 니모 쯔 오 / 다 시떼 쿠 다 사 이
① ② ③

공항

공항

① 꼬꾸나이 센
国内線 국내선
こくないせん

② 콕 -세끼
国籍 국적
こくせき

③ 콕 사이 쿠 -꼬-
国際空港 국제공항
こくさいくうこう

④ 콕 사이 셍
国際線 국제선
こくさいせん

⑤ 마찌아이시쯔
待合室 대합실
まちあいしつ

⑥ 토-쨔꾸
到着 도착
とうちゃく

⑦ 멘 제이 힝
免税品 면세품
めんぜいひん

⑧ 모꾸떼끼찌
目的地 목적지
もくてきち

⑨ 비 -자
査証 비자
さしょう

⑩ 세이 넹 갑 삐
生年月日 생년월일
せいねんがっぴ

⑪ 제이깡
税関 세관
ぜいかん

⑫ 지 꼬꾸효-
時刻表 시간표
じこくひょう

⑬ 나마에
名前 이름
なまえ

⑭ 뉴- 꼬꾸 신 사
入国審査 입국심사
にゅうこくしんさ

⑮ 쥬-쇼
住所 주소
じゅうしょ

⑯ 슙-빠쯔
出発 출발
しゅっぱつ

⑰ 토리께시
取消 취소
とりけし

⑱ 토-죠-껭
搭乗券 탑승권
とうじょうけん

⑲ 토- 죠-테쯔즈 끼
搭乗手続き 탑승수속
とうじょうてつづき

⑳ 코 -꾸-껭
航空券 항공권
こうくうけん

제 6 장

길을 헤맬 때

가이드의 설명

    낯선 이국 땅에서 지도만 보고 목적지를 찾아간다는 것은 약간 무리이다. 그러나, 대부분의 도시의 전신주에는 지명과 번지수가 기록된 안내판이 부착되어 있어서, 내가 지금 어디쯤에 와 있구나 하는 것은 묻지 않아도 금방 알 수 있다.

    외국인들에겐 특히 친절한 일본인일지라도, 공공 건물이나 큰 공원 등을 제외하고는 잘 모르므로, 자세한 것을 알고 싶을 때는 무조건 파출소로 찾아가는 것이 최선의 방법이다. 파출소에는 관할 구역의 커다란 지도가 벽에 부착되어 있어서, 이것을 보고 목적의 방향과 번지수까지 상세하게 알려준다.

    생명처럼 여겨야 할 여권을 호텔에 맡기지 않다가 분실했을 경우에도, 일단은 파출소로 찾아가서 신고하여 분실 신고 필증을 받아 두어야 한다.

1 미안합니다만, 파출소는 어디쯤에 있습니까?
　　① 　　　　②　　　③　　④

2 한국 대사관은 어디쯤 있습니까?
　　①　　②　　③

3 동경 역까지는 (거리가)얼마나 됩니까?
　　①　　　　　　②

4 시간은 얼마나 걸릴까요?
　　①　②　③

5 우에노 공원은 어느 쪽으로 가면 될까요?
　　①　　②　　③　④

6 나까무라 씨 댁은 어디쯤 있습니까?
　　①　　　②

7 역으로 가는 길을 가르쳐 주시지 않을래요?
　　①　②　③　④　　⑤

헤맬 때

1 すみませんが、交番は どの辺に ありますか。
스미마셍 가 코-방와 도노헨니 아리마스 까
① ② ③ ④

2 韓国 大使館は どちらでしょうか。
캉 꼬꾸 타이시 깡와 도 찌라데 쇼 -까
① ② ③

3 東京駅までは どのくらいでしょうか。
토-꾜-에끼마데 와 도노쿠라이데 쇼 -까
① ②

4 時間は どのくらい かかるでしょうか。
지 깡와 도노쿠라이 카 까루데 쇼 -까
① ② ③

5 上野 公園は どちらへ 行ったら いいでしょうか。
우에노 코-엥와 도찌라에 잇 따라 이이데쇼 -까
① ② ③ ④

6 中村さんの お宅は どちらでしょうか。
나까무라 산 노 오따꾸와 도 찌라데 쇼 -까
① ②

7 駅へ 行く 道を 教えて くださいませんか。
에끼에 이꾸 미찌오 오시에떼 쿠다사이마셍 까
① ② ③ ④ ⑤

길을 가르쳐 줄 때

1 파출소에서 물으면 알 수 있을 겁니다.
    ①   ②   ③

2 여기서부터 걸어서 5분 가량 걸립니다.
    ①   ②   ③   ④

3 전차로 가는 편이 좋습니다.
    ①   ②   ③   ④

4 곧장 가면 택시 정류장이 있습니다.
    ①   ②   ③   ④

5 이 길을 곧장 가십시오.
    ① ② ③   ④

6 왼쪽으로 돌면, 오른편에 있습니다.
    ①   ②   ③   ④

7 나도 이 부근은 처음입니다.
    ①   ②   ③

헤맬 때

1 交番で 聞いたら 分かるでしょう
코-반데　키이따라　와까루데쇼 -
① ② ③

2 ここから 歩いて 5分ぐらい かかります。
코꼬까라　아루이떼　고홍구라이　카까리마스
① ② ③ ④

3 電車で 行く ほうが いいです。
덴 샤데　이꾸　호-가　이이데스
① ② ③ ④

4 まっすぐ 行けば タクシー乗り場が あります。
맛 - 스구　이께바　타꾸시 - 노리바가　아리마스
① ② ③ ④

5 この 道を まっすぐ 行って ください。
코노 미찌오　마 스구　잇 떼 쿠다사이
① ② ③ ④

6 左へ 曲がると、 右手に あります。
히다리에　마 가루 또　미기떼니　아리마스
① ② ③ ④

7 私も この辺は はじめてです。
와따시 모　코 노 헹 와　하지메떼데스
① ② ③

1 잠깐 여쭙겠습니다.
  ①   ②

2 가장 가까운 역은 어딥니까?
  ①   ②   ③

3 박물관까지는 멉니까?
  ①   ②

4 순경에게 물어보면 알 수 있을 겁니다.
  ①   ②   ③

5 저 모퉁이를 오른쪽으로 돌면 바로 거깁니다.
  ①   ②   ③   ④   ⑤

6 나도 이 근방은 잘 모릅니다.
  ①   ②   ③   ④   ⑤

7 저 가게에서 물어보면 알 수 있을 겁니다.
  ①   ②   ③   ④

헤맬 때

① 촛 - 또　오 따즈 네 시 마 스
ちょっと お尋ねします。
　　①　　　　②

② 모 요 리 노　에끼 와　도 꼬 데 쇼 - 까
最寄りの 駅は どこでしょうか。
　　①　　　②　　　③

③ 하꾸 부쯔 깡 마 데 와　토- 이 데 스 까
博物館までは 遠いですか。
　　　①　　　　　　②

④ 오 마와 리 산　니　키 이따라　와 까루데 쇼 -
お巡りさんに 聞いたら 分かるでしょう。
　　①　　　　　②　　　　③

⑤ 아 노　카도 오　미기 에　마 가 레 바　스 구 데 스
あの 角を 右へ 曲がれば すぐです。
　①　②　③　　④　　　⑤

⑥ 와따시모　코 노　헹 와　요꾸　와 까리 마 셍
私も この 辺は よく 分かりません。
　①　②　③　④　　⑤

⑦ 아 노　오미세 데　키 이따라　와 까루데 쇼 -
あの お店で 聞いたら 分かるでしょう。
　①　②　　③　　　④

헤맬 때

53

관 · 련 · 어 · 휘

① **近い** 가깝다
　치까이 / ちか

② **並木道** 가로수 길
　나미끼미찌 / なみ き みち

③ **道** 길
　미찌 / みち

④ **四つ角** 네거리
　요 쯔 카도 / よ かど

⑤ **橋** 다리
　하시 / はし

⑥ **道路** 도로
　도-로 / どうろ

⑦ **遠い** 멀다
　토-이 / とお

⑧ **角** 모퉁이
　카도 / かど

⑨ **案内** 안내
　안 나이 / あんない

⑩ **横町** 옆 골목
　요꼬쵸- / よこちょう

⑪ **右側** 우측
　미기가와 / みぎがわ

⑫ **歩道** 인도
　호 도- / ほ どう

⑬ **バス停** 버스 정류장
　바스떼이 / てい

⑭ **左側** 좌측
　히다리가와 / ひだりがわ

⑮ **近道** 지름길
　치까미찌 / ちかみち

⑯ **地下街** 지하도
　치 까 가이 / ち か がい

⑰ **車道** 차도
　샤 도- / しゃどう

⑱ **初めて** 처음
　하 지 메 떼 / はじ

⑲ **大通り** 큰길
　오-도-리 / おおどお

⑳ **交番** 파출소
　코- 방 / こうばん

해맬 때

54

제 7 장
기차와 전차

가이드의 설명

　　　　일본을 여행할 때, 가장 많은 비용이 지출되는 것은 교통비인데, 다른 물가에 비하여 소름이 끼칠 정도로 엄청나게 비싸다. 일본의 이곳저곳을 열차나 전철로 여행할 경우 가장 값싸게 하려면, 하루에도 몇 번이고 탈 수 있는 '일본 철도 이용권 (JR패스권)' 을 사서 이용하는 것이 가장 경제적이다. (*단, 사철(私鐵)과 신깐센(新幹線)의 '노조미고–' 열차는 탈 수 없다.)

　　　　'일본 철도 이용권' 은 일본 국내에서는 판매하지 않으며, 일본을 여행하는 외국인들만을 위하여 외국에서만 판매하는데, 한국에서는 해외여행사에 부탁하면 구입할 수 있다. '일본 철도 이용권(JR패스권)' 의 가격은 1주일(7일간)용은 28,300엔(특실은 37,800엔), 2주일(14일간)용은 45,100엔(특실은 61,200), 3주일(21일간)용은 57,700엔(특실은 79,600엔)이며, 6세~11세의 초등학생은 50%이며, 6세 이하 어린이는 무료이다.

1 오사카 행은 1번선입니다.
      ①   ②

2 오사카 행 발차(출발)합니다.
      ①   ②

3 다음은 나고야입니다.
    ①   ②

4 타까마쯔 행은 다음 역에서 바꿔타십시오.
      ①   ②   ③

5 종점 하까따에는 12시 5분에 도착합니다.
  ①   ②   ③   ④

기차

6 식당차는 7호차입니다.
     ①   ②

7 이 열차는 쿄오또에 정차합니다.
   ①   ②   ③

1 오- 사까 유끼 와 이찌 반 센 데 스
大阪行きは 一番線です。
① ②

2 오- 사까 유끼 핫 샤 시 마 스
大阪行き 発車します。
① ②

3 츠기 와 나 고 야 데 스
次は 名古屋です。
① ②

4 타까마쯔 유끼 와 츠기 노 에끼 데 오 노 리 까 에 쿠 다 사 이
高松行は 次の駅で お乗り換えください。
① ② ③

5 슈- 뗑 하까따니 와 쥬- 니 지 고 훈 니 츠 끼 마 스
終点 博多には 十二時 五分に 着きます。
① ② ③ ④

6 쇼꾸 도 -샤 와 나나고 -샤 데 스
食堂車 は 7号車です。
① ②

7 코 노 렛 -샤 와 쿄- 또 니 토 마 리 마 스
この 列車 は 京都に 止まります。
① ② ③

기
차

57

1 미안합니다만, 동경까지 부탁합니다.
　　　　①　　　　　②　　　　③

2 동경까지 갈아타지 않고 갈 수 있습니까?
　　　①　　　　　②　　　　　③

3 어른 2장 어린 1장 주십시오.
　　①　②　　③　④　　⑤

4 특급권도 필요합니까?
　　①　　　②

5 오사카 행은 몇 번선에서 탈 수 있습니까?
　　①　　　　②　　　　③

6 어디에서 갈아탑니까?
　　①　　　②

7 어디에서 내립니까?
　　①　　　②

기
차

1 스미마셍 가 / 토-꾜- 마 데 / 오 네가이 시 마 스
すみませんが、 東京まで お願いします。
① ② ③

2 토-꾜- 마 데 / 입 뽄데 / 이 께 마 스 까
東京まで 一本で 行けますか。
① ② ③

3 오또 나 / 니 마이 / 코도모 / 이찌마이 / 오 네가이 시 마 스
大人 二枚、 子供 一枚 お願いします。
① ② ③ ④ ⑤

4 톡뀨-껜 모 / 이 리 마 스 까
特急券も 要りますか。
① ②

5 오- 사까 유 끼 와 / 남 반 센데 / 노 레마 스 까
大阪行きは 何番線で 乗れますか。
① ② ③

6 도 꼬데 / 노 리 까 에 마 스 까
どこで 乗り換えますか。
① ②

7 도 꼬데 / 오 리 마 스 까
どこで 降りますか。
① ②

기
차

1. 승차권과 특급권을 보여 주십시오.
   ① ② ③

2. 여보세요. 이 자리는 비어 있습니까?
   ① ② ③ ④

3. 지정석은 몇 호차입니까?
   ① ②

4. 특실은 몇 호차입니까?
   ① ②

5. 자유석은 1호차부터 3호차까지입니다.
   ① ② ③

6. 공중전화는 몇 호차에 있습니까?
   ① ② ③

7. 전차를 잘못 탄 것 같습니다.
   ① ②

기
차

① 乗車券と 特急券を お見せください。
죠-샤 껜 또 / 톡꾸- 껜 오 / 오 미 세 쿠 다 사 이
① ② ④

② すみません。 この 席は 空いて いますか。
스미마셍 / 코 노 세끼 와 / 아 이 떼 / 이마스 까
① ② ③ ④

③ 指定席は 何号車 ですか。
시 떼이 세끼 와 / 낭 고-샤 데 스 까
① ②

④ グリーン車は 何号車 ですか。
그 린- 샤 / 와 / 낭 고-샤 데 스 까
① ②

⑤ 自由席は 一号車 から 三号車までです。
지유- 세끼 와 / 이찌 고-샤 까라 / 상 고-샤 마 데 데 스
① ② ③

⑥ 公衆電話は 何号車に ありますか。
코-슈- 뎅 와 와 / 낭 고-샤 니 / 아 리 마 스 까
① ② ③

⑦ 違う 電車に 乗った ようです。
치가 우 / 뎅 샤 니 / 놋 따 / 요- 데 스
① ②

기
차

관·련·어·휘

①	카이사쓰구찌 改札口 개찰구 かいさつぐち	⑪	킵뿌 切符 차표 きっぷ	
②	큐-꼬-껭 急行券 급행권 きゅうこうけん	⑫	슙빠쓰에끼 出発駅 출발역 しゅっぱつえき	
③	마찌아이시쯔 待合室 대합실 まちあいしつ	⑬	신다이껭 寝台券 침대권 しんだいけん	
④	킵뿌우리바 切符売り場 표 파는 곳 きっぷ う ば	⑭	카따미찌료-낑 片道料金 편도 요금 かた みちりょうきん	
⑤	노보리 上り 상행선 のぼ	⑮	카따미찌킵뿌 片道切符 편도표 かたみちきっぷ	
⑥	지꼬꾸효- 時刻表 시간표 じ こくひょう	⑯	미도리노마도구찌 みどりの窓口 특급 창구 まどぐち	
⑦	안나이죠 案内所 안내소 あんないじょ	⑰	구린 -샤 グリーン車 특실차 しゃ	
⑧	오-후꾸킵뿌 往復切符 왕복표 おうふくきっぷ	⑱	구링 -껭 グリーン券 특실표 けん	
⑨	뉴-죠-껭 入場券 입장권 にゅうじょうけん	⑲	쿠다리 下り 하행선 くだ	
⑩	슈-짜꾸에끼 終着駅 종착역 しゅうちゃくえき	⑳	코인록 -까 コインロッカー 보관소	

기차

제 **8** 장
택시 타기

가이드의 설명

　　일본 택시에는 중형(中型) 택시와 소형(小型) 택시 두 종류가 있으며, 택시 도어에 기본 요금이 명시되어 있다. 밤 11시부터 아침 7시까지는 20%의 할증료가 붙으나, 팁은 필요하지 않다. 영수증이 필요할 경우에는 "領收書も 要りますが...=료-슈-쇼모 이리마스가..."라고 하면 영수증도 현장에서 발행해 준다.

　　일본 택시의 장점은, 일본어를 잘 몰라도 가고자 하는 행선지와 주소만 써서 운전사에게 주면서 "ここまで おねがいします(코꼬마데 오네가이시마스=여기까지 부탁합니다."하면, 운전사가 잘 모르는 곳은 지도를 봐 가면서, 또는 택시 회사의 안내 담당자에게 무선 전화로 물어서 확인하여 두었다가, 가고자 하는 목적지까지 정확하게 데려다 준다.

1 어디로 가십니까?
　　①　　②

2 어디로 갈까요?
　　①　　②

3 어디로 갑니까?
　　①　　②

4 짐은 그것뿐입니까?
　①　　②

5 내릴 곳은 여깁니다.
　①　②　　③

6 여기 맞습니까?
　①　　②

택시

7 거스름돈입니다. 감사합니다.
　　①　　②

1 どちらへ 行かれますか。
　도 찌라에　이 까레마스 까
　　①　　　　②

2 どちらへ 行きましょうか。
　도 찌라에　이 끼마쇼- 　까
　　①　　　　②

3 どちらへ 行きますか。
　도 찌라에　이 끼마스 까
　　①　　　　②

4 お荷物は それだけですか。
　오 니모쯔 와　소 레다 께데스 까
　　①　　　　　②

5 降りる 所は ここですよ。
　오 리루 토꼬로와 코꼬데스 요
　　①　　②　　　③

6 ここで いいですか。
　코꼬데 이 이데스 까
　　①　　②

(=よろしいでしょうか)
　요로시- 　데쇼- 　까

7 おつりです。 ありがとうございました。
　오쯔리데스　아리가또- 고자이마시따
　　①　　　　　②

택
시

① 동경 역까지 가 주세요.
　　　①　　　　②

② 미안하지만, 빨리 갑시다.
　　　①　　　　②

③ 미안하지만, 천천히 갑시다.
　　　①　　　②　　③

④ 이 길을 곧장 가 주세요.
　　①　　②　　③

⑤ 오른쪽으로(왼쪽으로) 도세요.
　　①　　　　②　　　③

⑥ 저기에 세워 주세요.
　　①　　②

⑦ 요금은 얼맙니까?
　　①　　②

택
시

1 토-꾜-에끼 마 데　오 네가이 시 마 스
東京駅まで お願いします。
　　①　　　　　②

2 스 미 마 셍　가　이소 이 데　쿠 다 사 이
すみませんが、急いで ください。
　　①　　　　　②

3 스 미 마 셍　가　육 꾸 리 잇 떼 쿠 다 사 이
すみませんが、ゆっくり 行って ください。
　　①　　　　②　　　　③

4 코 노 미찌오 맛　스 구 잇 떼 쿠 다 사 이
この 道を まっすぐ 行って ください。
　　①　　　②　　　　③

5 미기 에 히다리에　마 갓 떼 쿠 다 사 이
右へ(左へ) 曲がって ください。
　①　②　　　　③

6 아 소 꼬 니 토 메 떼 쿠 다 사 이
あそこに 止めて ください。
　　①　　　　②

7 로- 낑 와　이 꾸 라 데 스 까
料金は いくらですか。
　①　　　②

기타 필수 표현

① <u>택시를</u> <u>잡을까요?</u>
  ①   ②

② <u>미안합니다만,</u> <u>택시 정류장은</u> <u>어딥니까?</u>
  ①   ②   ③

③ <u>여기까지</u> <u>가 주세요.</u>
  ①   ②

④ <u>주소는</u> <u>이것입니다.</u>
  ①   ②

⑤ <u>몇 분</u> <u>가량 걸릴까요?</u>
  ①   ②

⑥ <u>여기서</u> <u>잠깐</u> <u>기다리고</u> <u>있으세요.</u>
  ①   ②   ③   ④

⑦ <u>미안합니다.</u> <u>1만엔 지폐인데,</u> <u>괜찮습니까?</u>
  ①   ②   ③

택시

① <ruby>タクシー<rt>타꾸시-</rt></ruby>を <ruby>拾いまし<rt>히로이마쇼-</rt></ruby>ょう<ruby>か<rt>까</rt></ruby>。
　　①　　　　　　②

② <ruby>すみません<rt>스미마셍</rt></ruby>が、 <ruby>タクシー 乗り場<rt>타꾸시- 노리</rt></ruby>は<ruby><rt>와</rt></ruby>
　　①　　　　　　　　②

<ruby>どこでしょう<rt>도코데쇼-</rt></ruby><ruby>か<rt>까</rt></ruby>。
　　③

③ <ruby>ここまで<rt>코꼬마데</rt></ruby> <ruby>お願いします<rt>오네가이시마스</rt></ruby>。
　　①　　　　　②

④ <ruby>住所は<rt>쥬-쇼와</rt></ruby> <ruby>これです<rt>코레데스</rt></ruby>。
　　①　　　②

⑤ <ruby>何分ぐらい<rt>남뿡구라이</rt></ruby> <ruby>かかるでしょう<rt>카까루데쇼-</rt></ruby><ruby>か<rt>까</rt></ruby>。
　　①　　　　　②

⑥ <ruby>ここで<rt>코꼬데</rt></ruby> <ruby>少し<rt>스꼬시</rt></ruby> <ruby>待って<rt>맛떼</rt></ruby> <ruby>いて ください<rt>이떼 쿠다사이</rt></ruby>。
　　①　　②　　③　　④

⑦ <ruby>すみません<rt>스미마셍</rt></ruby>。 <ruby>一万円札ですが<rt>이찌망 엔사쯔데스가</rt></ruby>、 <ruby>いいですか<rt>이-데스까</rt></ruby>。
　　①　　　　　②　　　　　　　③

① 타떼모노
建物 건물
たてもの

② 코-소꾸도-로
高速道路 고속도로
こうそくどうろ

③ 코-사 뗑
交差点 교차로
こう さ てん

④ 미찌
道 길
みち

⑤ 미나미
南 남쪽
みなみ

⑥ 히가시
東 동쪽
ひがし

⑦ 우시로
後ろ 뒤쪽
うし

⑧ 카도
角 모퉁이
かど

⑨ 키따
北 북쪽
きた

⑩ 비 루
ビル 빌딩

⑪ 아까싱고-
赤信号 빨간 신호
あかしんごう

⑫ 니시
西 서쪽
にし

⑬ 익 꼬 다 떼
一戸建て 단독주택
いっ こ だ

⑭ 마에
前 앞쪽
まえ

⑮ 미기
右 오른쪽
みぎ

⑯ 히다리
左 왼쪽
ひだり

⑰ 운 뗀 슈
運転手 운전수
うんてんしゅ

⑱ 입뽀-쯔-꼬-
一方通行 일방통행
いっぽうつうこう

⑲ 아오싱 고-
青信号 파란 신호
あおしんごう

⑳ 만- 나 까
真ん中 한 가운데
ま なか

제 **9** 장
사우나 장에서

가이드의 설명

갑작스런 출장이나 여행을 하게 된 경우, 호텔 방을 예약하기가 상당히 어렵다는 것은 다 아는 사실이다. 이럴 경우, 어느 지역엘 가나 24시간 영업하는 사우나 장(요금 2,000엔 전후)이 있으므로, 그곳을 이용하도록 한다. 24시간 영업하는 곳은 심야 추가 요금(대략 1,000엔 정도)만 지불하면 되지만, 간혹 24시간 영업하지 않는 사우나 장도 있으므로 꼭 확인해야 한다.

심야 영업을 하지 않는 곳은 캡슐호텔도 운영하고 있는 곳도 있으므로, 그곳에서의 1박(泊) 요금은 지방에 따라서 약간 다르기는 하지만, 대략 2,500엔부터 3,800엔 정도이다. (*더 자세한 점은 다음의 인터넷 주소로 확인할 수 있음. http://www.sauna.or.jp/jsakamei.htm)

1 어서 오십시오.
          ①

2 여기는 남성(여성) 전용입니다.
     ①   ② ③   ④

3 남탕은 이쪽입니다.
     ①   ②

4 여탕은 저 안쪽입니다.
     ① ②   ③

5 옷장은 저쪽입니다.
     ①   ②

6 휴게실은 2층입니다.
     ①   ②

7 식당은 휴게실 옆쪽입니다.
     ①   ②   ③

사우나

1 <ruby>いらっしゃいませ<rt>이 랏 샤 이 마 세</rt></ruby>。
①

2 <ruby>ここは<rt>코 꼬 와</rt></ruby> <ruby>男性<rt>단 세이</rt></ruby>(<ruby>女性<rt>죠 세이</rt></ruby>)<ruby>専用です<rt>셍 요- 데 스</rt></ruby>。
① ② ③ ④

3 <ruby>男湯は<rt>오또꼬유 와</rt></ruby> <ruby>こちらです<rt>코 찌 라 데 스</rt></ruby>。
① ②

4 <ruby>女湯は<rt>온나유 와</rt></ruby> <ruby>あの<rt>아 노</rt></ruby> <ruby>奥の方です<rt>오꾸 노 호- 데 스</rt></ruby>。
① ② ③

5 <ruby>ロッカーは<rt>록 까 와</rt></ruby> <ruby>あちらです<rt>아 찌 라 데 스</rt></ruby>。
① ②

6 <ruby>休憩室は<rt>큐- 께이 시쯔 와</rt></ruby> <ruby>二階です<rt>니까이 데 스</rt></ruby>。
① ②

7 <ruby>食堂は<rt>쇼규도- 와</rt></ruby> <ruby>休憩室の<rt>큐- 께이 시쯔 노</rt></ruby> <ruby>隣です<rt>토나리 데 스</rt></ruby>。
① ② ③

사
우
나

1 한 사람 당 얼마입니까?
　　① 　②　　③

2 영업은 몇 시까지입니까?
　　①　　②

3 심야 추가 요금은 얼마입니까?
　　①　②　③　　④

4 옷장은 어딥니까?
　　①　　②

5 식당과 휴게실은 어딥니까?
　　①　　②　　③

6 자동 판매기는 어딥니까?
　　①　　②

7 공중 전화는 어딥니까?
　　①　　②

사
우
나

1
히또리　아 따리　이 꾸 라 데 스 까
一 人 当たり いくらですか。
　①　　②　　　　　③

2
에이교- 와　난 지 마 데 데 스 까
営業は 何時まででですか。
　①　　　　　②

3
싱 야 츠이까 료- 낑 와　이 꾸 라 데 스 까
深夜追加料 金は いくらですか。
　①　②　③　　④

4
록　　까　와　도 꼬데쇼-　　까
ロッカーは どこでしょうか。
　①　　　　　②

5
쇼꾸도- 또　큐-께이시쯔 와　도 꼬 데 쇼-　까
食堂と 休憩室は どこでしょうか。
　①　　②　　　　③

6
지 도- 함 바이 끼 와　도 꼬데쇼-　　까
自動販売機は どこでしょうか。
　①　　　　②

7
코-슈-뎅 와 와　도 꼬데쇼-　　까
公衆電話は どこでしょうか。
　①　　　　②

1 몇 분이세요?
①

2 한 분이십니까?
①

3 두 분이십니까?
①

4 귀중품을 맡기고 싶은데요.
①   ②

5 맡긴 물건을 주시겠습니까?
①   ②   ③

6 계산을 부탁합니다.
①   ②

7 모두 합해서 얼마입니까?
①   ②   ③

사
우
나

1 何名様でしょうか。
　남 메이사마 데 쇼- 까
　　　①

2 お一人様でしょうか。
　오 히또리 사마 데 쇼- 까
　　　①

3 お二人様でしょうか。
　오 후따리 사마 데 쇼- 까
　　　①

4 貴重品を 預けたいんですが。
　키 - 힝오 아즈께따인 데스가
　　①　　　　②

5 預けた 物を お願いします。
　아즈께따 모노오 오네가이시마스
　　①　　②　　③

6 お勘定を お願いします。
　오깐죠-오 오네가이시마스
　　①　　②

7 全部 合わせて いくらですか。
　젬부 아와세떼 이꾸라데스까
　①　②　③

사
우
나

77

관·련·어·휘

① **計算書** 계산서
케ー산 쇼
けいさんしょ

② **公衆電話** 공중 전화
코ー슈ー뎅와
こうしゅうでんわ

③ **お冷や** 냉수
오 히야
ひ

④ **露天風呂** 노천탕
로 뗑부로
ろてんぶろ

⑤ **和室** 다다미 방
와시쯔
わしつ

⑥ **お湯** 뜨거운 물
오 유
ゆ

⑦ **バス タオル** 목욕 수건
바 스 타 오루

⑧ **枕** 베개
마꾸라
まくら

⑨ **石けん** 비누
섹ー껭
せっ

⑩ **塩** 소금
시오
しお

⑪ **食事** 식사
쇼꾸지
しょくじ

⑫ **朝食** 아침 식사
쵸ー쇼꾸
ちょうしょく

⑬ **洋食** 양식
요ー쇼꾸
ようしょく

⑭ **領収書** 영수증
료ー슈ー쇼
りょうしゅうしょ

⑮ **お風呂** 욕실
오 후로
ふろ

⑯ **浴槽** 욕조
욕ー소ー
よくそう

⑰ **和食** 일식
와쇼꾸
わしょく

⑱ **夕食** 저녁 식사
유ー쇼꾸
ゆうしょく

⑲ **歯磨き** 치약
하 미 가 끼
は みが

⑳ **歯ブラシ** 칫솔
하 부 라 시
は

사우나

78

제 **10** 장
여관에서

    일본을 여행하면서, 여러 명이 한 방에서 숙박하며 일본식 음식과 서비스를 즐기고자 한다면, 일본식 여관이나 민숙(民宿)을 하는 편이 좋다. 왜냐하면, 일반 호텔과는 달리 저녁 식사와 아침 식사까지 제공받을 수 있는 곳이 많기 때문이다. 그러나, 대부분의 협정요금은 2인(人) 1실(室) 이상이므로, 혼자서 숙박하면 상대적으로 비싸게 먹히기 마련이다.

    대부분의 여관은, 목욕탕(욕실)과 화장실이 방안에 없으므로 약간 불편하기는 하지만, 일본식 정원과 가옥의 구조 등을 만끽할 수 있는 이점(利點)이 있다. 그러나, 밤늦게까지 놀다가 아무 때나 들어오면 안 되는 '몽겐(門限=귀가 시간/문닫는 시간)' 제도라는 것이 있기 때문에, '몽겐(門限)'은 몇 시까지인지 확인해 두었다가 숙소로 들어와야 한다.

여
관

1 어서 오십시오.
　　①

2 예약하셨습니까?
　　①

3 이불을 깔아도 되겠습니까?
　　①　　②　　　　③

4 목욕 준비가 되었습니다.
　　①　　②

5 식사 준비가 되었습니다.
　　①　　②

6 용건 부탁(주문)은 10시전까지 부탁드립니다.
　　　　　①　　　　　　②　　　　③

7 이쪽으로 오십시오.
　　①　　②

여
관

1 いらっしゃいませ。
　　이 랏　샤　이 마 세
　　①

2 ご予約ですか。
　　고 요야꾸 데 스 까
　　①

3 お布団を 敷いても よろしいですか。
　　오 후 뚱오　시 이 떼모　요 로시-이 데 스 까
　　①　　　②　　　③

4 お風呂の 用意が できました。
　　오 후 로 노　요- 이 가　데 끼마 시 따
　　①　　　②

5 お食事の 用意が できました。
　　오 쇼꾸지 노　요- 이 가　데 끼마 시 따
　　①　　　②

6 ご用は 十時までに お願い致します。
　　고 요- 와　쥬- 지 마 데 니　오 네가 이 이따 시 마 스
　　①　　②　　③

7 こちらへ どうぞ。
　　코 찌 라에　도 -조
　　①　　②

여
관

1 여보세요. 실례합니다.
　　①　　　　②

2 오늘밤, 묵고 싶은데요.
　　①　　　　②

3 방 값은 얼마입니까?
　　①　　　②

4 식사는 딸려 있습니까?
　　　　　①

5 식사는 몇 시부터입니까?
　　①　　　②

6 목욕탕은 어딥니까?
　　①　　　②

7 지금, 목욕해도 됩니까?
　　①　　　②

여
관

1 ^{스 미 마 셍} すみません。 ^{오 네 가 이 시 마 스} お願いします。
　　　① 　　　　　　　　　 ②

2 ^{콩 야} 今夜、 ^{토 마 리 따 인　 데 스 가} 泊まりたいんですが。
　　　① 　　　　　　　　 ②

3 ^{헤 야 다이 와} 部屋代は ^{이 꾸 라 데 스 까} いくらですか。
　　　① 　　　　　　 ②

4 ^{쇼꾸 지 쯔 끼 데 스 까} 食事付きですか。
　　　①

5 ^{쇼꾸 지 와　 난 지 까 라 데 스 까} 食事は 何時からですか。
　　　① 　　　　 ②

6 ^{오 후 로 와　 도 꼬 데 스 까} お風呂は どこですか。
　　　① 　　　 ②

7 ^{이마} 今、 ^{오 후 로 니　 하 잇 떼 모　 이 - 데 스 까} お風呂に 入っても いいですか。
　　　① 　　　　　　　 ②

여
관

1 욕실과 화장실이 딸려 있으면 좋겠는데요.
  ①   ②   ③

2 조용한 방을 부탁합니다.
  ①   ②   ③

3 이것, 신어도 됩니까?
  ①   ②   ③

4 방 열쇠는 없습니까?
  ①   ②

5 덕분에 즐거웠습니다.
  ①   ②

6 맡긴 짐을 꺼내 주십시오.
  ①   ②   ③

7 신세만 지고 갑니다. 안녕히 계세요.
  ①   ②

여
관

① 바 스　　토이레쯔끼가　이인　데 스가
バス・トイレ 付きが いいんですが。
　　　　① 　　　　　② 　　　③

② 시즈 까나　헤 야 오　오네가이시마 스
静かな 部屋を お願いします。
　　① 　　　② 　　　③

③ 코 레　하이떼모　이 - 데 스 까
これ、 履いても いいですか。
　① 　　② 　　　③

④ 헤 야 노 카기와　아 리 마 셍　　까
部屋の 鍵は ありませんか。
　　① 　　　　②

⑤ 오 까게 사마데　타노 시 깟 따데 스
おかげさまで 楽しかったです。
　　　① 　　　　②

⑥ 아즈 께 따　니모쯔오　다 시 떼 쿠 다 사 이
預けた 荷物を 出して ください。
　① 　　② 　　　③

⑦ 오세 와 니　나리마시따　　사 요 - 나라
お世話に なりました。 さようなら。
　　　① 　　　　　②

① 計算書 계산서
케―산 쇼
けいさんしょ

② 国際電話 국제 전화
콕 사이 뎅 와
こくさいでんわ

③ お冷や 냉수
오 히 야
ひ

④ お茶 녹차
오 쨔
ちゃ

⑤ 和室 다다미 방
와시쯔
わしつ

⑥ お湯 뜨거운 물
오 유
ゆ

⑦ バス タオル 목욕 수건
바 스 타 오 루

⑧ 枕 베개
마꾸라
まくら

⑨ 石けん 비누
섹―껭
せっ

⑩ 宿帳 숙박부
아도쵸―
やどちょう

⑪ 食事 식사
쇼꾸지
しょくじ

⑫ 朝食 아침 식사
쵸―쇼꾸
ちょうしょく

⑬ 洋食 양식
요―쇼꾸
ようしょく

⑭ 領収書 영수증
료―슈―쇼
りょうしゅうしょ

⑮ お風呂 욕실
오 후로
ふろ

⑯ 浴槽 욕조
욕 소
よくそう

⑰ 和食 일식
와쇼꾸
わしょく

⑱ 夕食 저녁 식사
유―쇼꾸
ゆうしょく

⑲ 歯磨き 치약
하 미 가 끼
は みが

⑳ 歯ブラシ 칫솔
하
は

여관

86

제 **11** 장
호텔에서

가이드의 설명

　일본에서의 호텔 중에서 규모가 큰 곳은 영어로 불편 없이 의사 소통이 가능하지만, 규모가 작은 호텔에서는 일본어를 모르면 불편한 점이 한두 가지가 아니다. 그러나, 일본에서의 호텔 이용 방법 중 가장 즐거운 점은 팁 문화가 발달되어 있지 않으므로, 서양처럼 팁을 주어야 한다는 생각에 사로잡히지 않아서 좋다는 것이다.

　호텔에서의 접수가 끝나면, 곧바로 생명과 다름없는 여권과 귀중품은 호텔에 맡기는 것이 가장 안전한 보관방법이다. 일본 호텔에서의 절약 방법은, 가능한 한 호텔 방에 있는 냉장고나 유선 방송은 이용하지 않는 것이 좋다. 또 어떤 호텔에서는 호텔 전화를 이용하면, 시설 사용료를 따로 받는 곳도 있으므로, 가능하다면 호텔 내의 공중 전화를 이용하는 것이 싸게 먹힌다.

1 어서 오십시오.
　　①

2 예약하셨어요?
　　①

3 예약하셨습니까?
　　①

4 예, 예약이 되어 있습니다.
　①　　②

5 이 카드에 기입해 주세요.
　①　②　　③

6 트윈 베드로 괜찮으실까요?
　　①　　②

7 예, 지금 바로 해 드리겠습니다.
　①　　②

1 <u>이 랏 샤 이 마 세</u>
　いらっしゃいませ。
　　　①

2 <u>고 요 야꾸 데 스 까</u>
　ご予約ですか。
　　　①

3 <u>요 야꾸 나 삿　떼 이 마 스 까</u>
　予約なさっていますか。
　　　①

4 <u>하 이</u>、　<u>요 야 시떼　고 자 이 마 스</u>
　はい、　予約して ございます。
　　①　　　　　　②

5 <u>코 노</u>　<u>카 - 도 니</u>　<u>고 끼뉴　쿠 다 사 이</u>
　この　カードに　ご記入 ください。
　　①　　　②　　　　③

6 <u>츠 인　데</u>　<u>요 로시- 이 데 스 까</u>
　ツインで　よろしいですか。
　　①　　　　②

7 <u>하 이</u>、　<u>타 다 이마</u>
　はい、　ただ今。
　　①　　　②

호
텔

1 여보세요. 실례합니다.
　　　①　　　　②

2 하룻밤 묵는데 얼마입니까?
　　　①　　　　　②

3 더 싼 방은 없습니까?
　①　②　③　　④

4 서비스료는 포함되어 있습니까?
　　　①　　　　②

5 양지 바른 방을 주세요.
　　　①　　②　　③

6 레스토랑은 어딥니까?
　　　①　　②

7 이것 좀 보관해 주세요.
　　①　　②

호
텔

1 すみません。 お願いします。
　스 미 마 셍　　오 네 가 이 시 마 스
　　① 　　　　　②

2 一泊 いくらですか。
　입빠꾸　이 꾸 라 데 스 까
　① 　　　②

3 もっと 安い 部屋は ありませんか。
　못 　또　야스이　헤야와　아 리 마 셍 　까
　① 　　②　　③　　　　④

4 サービス料込みですか。
　사 - 비 스 료 꼬 미 데 스 까
　　① 　　　　②

5 日当たりの いい 部屋を お願いします。
　히 아 따 리 노　이 -　헤 야 오　오 네 가 이 시 마 스
　　① 　　　　②　　　③

6 レストランは どこでしょうか。
　레 스 토 랑　 와　도 꼬 데 쇼 -　까
　　① 　　　　②

7 これ、 預かって ください。
　코 레　아즈 깟　때 쿠 다 사 이
　① 　　　②

호
텔

● 91

1 이 짐을 부치고 싶은데요.
   ①   ②

2 제게 온 연락은 없습니까?
   ①   ②

3 내일 아침에 모닝콜을 부탁합니다.
   ①   ②   ③

4 열쇠를 방에 두고 나왔습니다.
   ①   ②   ③

5 귀중품을 맡기고 싶은데요.
   ①   ②

6 계산을 부탁합니다.
   ①   ②

7 신용카드로도 됩니까?
   ①   ②

호텔

1 この 荷物を 送りたいんですが。
코노 니모쯔오 오꾸리따인 데스가
①　　　②

2 伝言は ありませんか。
뎅공와 아리마셍 까
①　　　②

3 あした、 モーニングコールを お願いします。
아시따 모닝구코-루 오 오네가이시마스
①　　　②　　　③

4 鍵を 部屋に 忘れました。
카기오 헤야니 와스레마시따
①　②　③

5 貴重品を 預けたいんですが。
키쵸-힝오 아즈께따인 데스가
①　　　②

6 お勘定を お願いします。
오 깐쬬-오 오네가이시마스
①　　　②

7 クレジットカードでも いいですか。
쿠레짓또 카-도 데모 이-데스까
①　　　②

① **計算書** 계산서
케ー산쇼
けいさんしょ

② **国際電話** 국제 전화
콕 사이 뎅 와
こくさいでんわ

③ **暖房** 난방
담 보ー
だんぼう

④ **冷房** 냉방
레이보ー
れいぼう

⑤ **冷蔵庫** 냉장고
레 이 조ー꼬
れいぞうこ

⑥ **毛布** 담요
모ー후
もうふ

⑦ **枕** 베개
마꾸라
まくら

⑧ **石けん** 비누
섹ー껭
せっ

⑨ **非常口** 비상구
히죠ー구찌
ひじょうぐち

⑩ **食事** 식사
쇼꾸지
しょくじ

⑪ **朝食** 아침 식사
쵸ー쇼꾸
ちょうしょく

⑫ **領収書** 영수증
료ー슈ー쇼
りょうしゅうしょ

⑬ **お風呂** 욕실
오후로
ふろ

⑭ **浴槽** 욕조
욕소ー
よくそう

⑮ **灰皿** 재떨이
하이자라
はいざら

⑯ **夕食** 저녁 식사
유ー쇼꾸
ゆうしょく

⑰ **昼食** 점심 식사
츄ー쇼꾸
ちゅうしょく

⑱ **歯磨き** 치약
하미가끼
は みが

⑲ **歯ブラシ** 칫솔
하 부 라 시
は

⑳ **タオル** 타월
타 오 루

호텔

제 **12** 장

레스토랑에서

가이드의 설명

일본 레스토랑의 경우, 입구에서 먼저 몇 사람이라는 것을 밝히고 종업원이 안내하는 곳으로 가서 앉아야 한다. 흡연석과 금연석이 구별되어 있는 곳이라면, 금연석에서 식사하고 싶을 경우에는 미리 말을 해야한다. 큰 도시의 경우, 세계 각국의 음식을 기호에 맞게 즐길 수 있으나, 약간은 일본인들의 식성에 맞게 개발되어 있다. 큰 레스토랑에서의 특징은 세금과 서비스료가 계산서에 포함되어 있으므로, 별도로 팁을 지불할 필요는 없다.

일본을 여행하면서 느끼는 공통된 점은 식사의 양이 너무 적다고 한다. 그러나, 점심과 저녁 식사를 값싸게 뷔페 식으로 먹고 싶으면, 일본 *yahoo* 사이트 (*http://www.yahoo. co.jp/*)에 들어가서 '*tabehodai*' 를 치면 안내 받을 수 있다.

1 예약하셨습니까?
    ①

2 이쪽으로 오십시오.
    ①   ②

3 몇 분이세요?
    ①

4 한 분이십니까?
    ①

5 무엇으로 하시겠습니까?
    ①   ②

6 음료수는 드시겠습니까?
    ①   ②

7 분부대로 하겠습니다.
    ①

레스토랑

1 고 요야꾸 데 스 까
ご予約ですか。
①

2 코 찌라에   도 - 조
こちらへ どうぞ。
①   ②

3 남 메이사마 데 스 까
何名様ですか。
①

4 오 히또리 사마 데 스 까
お一人様ですか。
①

5 나니 니   나 사이 마 스 까
何に なさいますか。
①   ②

6 오 노 미 모노 와   이 까 가 데 스 까
お飲み物は いかがですか。
①   ②

7 카 시 꼬 마 리 마 시 따
かしこまりました。
①

레스토랑

손님의 필수 표현

1 뒤에 두 사람 옵니다.
    ①   ②   ③

2 제일 잘하는 음식은 무엇입니까?
        ①   ②

3 저 분과 똑같은 것을 주십시오.
    ①   ②   ③   ④

4 이 음식은 맵습니까?
    ①   ②

5 야채는 딸려 있습니까?
    ①   ②

6 숟가락을 갖다 주세요.
    ①   ②

7 계산, 부탁합니다.
    ①   ②

1 아또 까라 / 후따리 / 키 마 스
後から 二人 来ます。
① ② ③

2 오스스메료-리와 / 난데스 까
お勧め料理は 何ですか。
① ②

3 아 노 카따 또 / 오나 지 / 모노 오 / 쿠 다 사 이
あの方と 同じ 物を ください。
① ② ③ ④

4 코 노 료- 리 와 / 카라 이 데 스 까
この 料理は 辛いですか。
① ②

5 야 사이 와 / 츠 끼 마 스 까
野菜は 付きますか。
① ②

6 스 푼 - 오 / 오네가 이 시 마 스
スプーンを お願いします。
① ②

7 오 칸 죠- / 오네가 이 시 마 스
お勘定 、 お願いします。
① ②

레
스
토
랑

1 녹차를 드시겠습니까?
　① 　　　②

2 아니오, 괜찮습니다.
　① 　　　②

3 뜨거운 물을 좀 주십시오.
　① 　　　　②

4 찬물을 좀 주십시오.
　① 　　②

5 생선 요리도 있습니다.
　① 　　　②

6 굽는 방법은 어떻게 할까요?
　① 　　② 　　③

7 미안합니다만, 오늘은 못 합니다.
　① 　　　② 　③

1 오짜와 이 까 가 데 스 까
お茶は いかがですか。
① ②

2 이 - 에 켁-꼬-데 스
いいえ、結構 です。
① ②

3 오유오 오네가 이 시 마 스
お湯を お願いします。
① ②

4 오 히 야 오 오네가 이 시 마 스
お冷やを お願いします。
① ②

5 사까나 노 료-리모 고 자 이 마 스
魚の 料理も ございます。
① ②

6 야 끼 까따와 이 까 가 이 따 시 마 쇼 - 까
焼き方は いかがいたしましょうか。
① ② ③

7 스 미 마 셍 가 쿄-와 데 끼 마 셍
すみませんが、今日は できません。
① ② ③

관·련·어·휘

① **醬油** 간장
쇼ー유
しょうゆ

② **果物** 과일
쿠다모노
くだもの

③ **お冷や** 냉수
오 히야
ひ

④ **お茶** 녹차
오 쨔
ちゃ

⑤ **鷄肉** 닭고기
토리니꾸
とりにく

⑥ **人参** 당근
닌 징
にんじん

⑦ **豚肉** 돼지고기
부따니꾸
ぶたにく

⑧ **大蒜** 마늘
닌니꾸
にんにく

⑨ **水、　お水** 물
미즈　 오미즈
みず　　みず

⑩ **芹** 미나리
세리
せり

⑪ **桃** 복숭아
모모
もも

⑫ **林檎** 사과
링 고
りんご

⑬ **砂糖** 설탕
사 뚜ー
さとう

⑭ **塩** 소금
시오
しお

⑮ **牛肉** 쇠고기
규ー니꾸
ぎゅうにく

⑯ **きゅうり** 오이
큐ー리

⑰ **葡萄** 포도
부 도ー
ぶどう

⑱ **紅茶** 홍차
코ー쨔
こうちゃ

⑲ **デザート** 후식
데 자ー또

⑳ **胡椒** 후추가루
코 쇼ー
こしょう

제 **13** 장

일본 식당에서

　대표적인 일본 음식으로는, 초밥(스시)·튀김(템뿌라)·전골(스끼야끼)·생선회(사시미) 등을 먹을 수 있다. 일본 식당에서의 생선은 냉동된 것이 아니기 때문에, 입안에서 사르르 녹는 듯한 본고장의 맛을 느낄 수 있는 것이 특징이다.

　그러나, 원하는 생선 초밥만 골라서 실컷 먹어 봤으면 할 적에는, '마와리즈시(回り寿司)'라는 식당에 가면 된다. 이곳에서는, 참치·장어·오징어·새우·낙지·조갯살·김·계란·연어 알 등등의 여러 가지 생선 초밥이 담긴 접시가 식탁을 빙글빙글 돌고 있기 때문에, 자기가 원하는 것만 골라서 먹고, 계산은 접시 숫자대로 계산하면 된다.

　일본 식당에서는 물들인 생강과 락꾜-가 준비되어 있는데, 이것은 혹시 있을지도 모르는 생선회의 식중독을 예방하기 위한 것이므로, 맛이 없더라도 먹어 두는 것이 좋다.

종업원의 필수 표현

1 어서 오십시오.
　　①

2 무엇으로 하시겠습니까?
　　①　　　　②

3 무엇을 드릴까요?
　　①　　②

4 무엇을 튀겨드릴까요?
　　①　　　②

5 무슨 초밥을 만들어 드릴까요?
　　①　　　　　　②

6 음료수는 드시겠어요?
　　①　　　　②

7 자, 드십시오.
　①　②

1 いらっしゃいませ。
이 랏   샤   이 마 세
①

2 何に なさいますか。
나니니 나 사 이 마 스 까
①   ②

3 何を 差し上げましょうか。
나니오 사 시 아 게 마 쇼 - 까
①   ②

4 何を 揚げましょうか。
나니오 아 게 마 쇼 - 까
①   ②

5 何を 握りましょうか。
나니오 니기 리 마 쇼 - 까
①   ②

6 お飲み物は いかがですか。
오 노미 미 모노 와 이 까 가 데 스 까
①   ②

7 どうぞ お上がりください。
도 - 조 오 아 가 리 쿠 다 사 이
①   ②

1 제일 잘 하는 음식은 무엇입니까?
　　① 　　　　　②

2 아침 식사에는 어떤 것이 나옵니까?
　　① 　　② ③ 　④

3 된장국이 딸려 나옵니까?
　　① 　　　②

4 맛있어 보이는데요.
　　①

5 맛있는데요.
　　①

6 더 먹을 수 있어요?
　　①

7 맛있게 잘 먹었습니다.
　　①

1 お勧め料理は 何ですか。
오스스메료-리 와 　　 난 데 스 까
① 　　　　 ②

2 朝食には どんな ものが 出ますか。
쵸- 쇼꾸니와 　돈 　나 　모 노 가 　데마 스 까
① 　　　　 ② 　　　 ③ 　　　 ④

3 味噌汁が 付きますか。
미소시루 가 　츠 끼 마스 까
① 　　　　 ②

4 おいしそうですね。
오 이 시 소- 데 스 네
①

5 おいしいですね。
오 이 시- 데 스 네
①

6 お代わり できますか。
오 까 와 리 　데 끼 마스 까
①

7 ごちそうさまでした。
고 찌 소- 사 마데 시 따
①

1 오래 기다리게 해서 미안합니다.
　　　　　　①

2 이젠 드실 수 있습니다.
　①　　②

3 천천히 드십시오.
　①　　②

4 먹는 방법을 가르쳐 주십시오.
　①　　　　②

5 간장에 찍어 드십시오.
　①　②　　③

6 이 생선 이름은 무엇입니까?
　①　②　　③

7 못 먹겠는데요. 미안합니다.
　①　　　②

일 본 식 당

1 <u>お待たせしました。</u>
오 마 따 세 시 마 시 따
①

2 <u>もう</u> <u>食べられますよ。</u>
모 - 타 베 라 레 마 스 요
① ②

3 <u>ごゆっくり</u> <u>どうぞ。</u>
고 육 -꾸 리 도 - 조
① ②

4 <u>食べ方を</u> <u>教えて ください。</u>
타 베 까따오 오시 에 떼 쿠 다 사 이
① ②

5 醤油に <u>つけて</u> <u>召し上がって</u> <u>ください。</u>
쇼-유 니 츠 께 떼 메 시 아 갓 떼 쿠 다 사 이
① ② ③

6 <u>この</u> <u>魚の 名前は</u> <u>何ですか。</u>
코 노 사까나 노 나 마에 와 난 데 스 까
① ② ③

7 <u>食べられません。</u> <u>ごめんなさい。</u>
타 베 라 레 마 셍 고 멘 나 사 이
① ②

관·련·어·휘

① 蟹 (카니 / かに) 게

② わさび (와 사 비) 고추냉이

③ 大根おろし (다이꽁 오 로 시 / だいこん) 무즙

④ 鮹 (타꼬 / たこ) 문어

⑤ ご飯 (고 항 / はん) 밥

⑥ 海鰻 (아나고 / あなご) 붕장어

⑦ 蝦 (에비 / えび) 새우

⑧ 酢 (스 / す) 식초

⑨ 野菜 (야 사이 / やさい) 야채

⑩ いくら (이 꾸 라) 연어알

⑪ かっぱ (캅 - 빠) 오이김밥

⑫ 烏賊 (이 까 / いか) 오징어

⑬ あわび (아 와 비) 전복

⑭ つけもの (츠 께 모 노) 절인김치

⑮ まぐろ (마 구 료) 참치

⑯ 鉄火(巻き) (텍 - 까 (마 끼) / てっか) 참치김밥

⑰ とろ (토 로) 참치복부살

⑱ 寿司 (스 시 / す) 초밥

⑲ 天ぷら (템뿌라 / てん) 튀김

⑳ 天つゆ (텐 쯔 유 / てん) 튀김간장

일본식당

110

제 **14** 장

관광하기

가이드의 설명

전철이 없는 곳을 여행하거나, 시내 명승지 관광을 하는 경우에는 버스를 이용하는 것이 값싸게 먹힌다. 일본 대부분의 관광지에서는 정기 관광 버스라는 것이 있다. 동경의 경우는 '하토바스' 라는 관광용 2층 버스를 이용할 경우, 안내원이 이곳 저곳을 자세하게 설명해 주기 때문에, 상당히 심도 있게 관광할 수 있다.

개인별로 관광하는 것도 장점이 있겠지만, 개인별로 하게 되면 가는 곳마다 개인 입장료를 내야 하고, 자세한 설명을 들을 수가 없는 단점이 있다. 그러나 정기 관광 버스를 이용하면, 입장료 또는 식사비까지 포함되어 있고, 자세한 안내와 설명을 들을 수 있기 때문에 1석 2조의 효과를 거둘 수 있다. 큰 도시의 경우에는 일본어 코스와 영어 코스로 나뉘어 있다.

1 시간은 어느 정도 있습니까?
　　　① 　　② 　　③

2 당일치기이군요.
　　　①

3 예산은 얼마 정도입니까?
　　　① 　　　②

4 이 코스가 좋을 겁니다.
　① 　② 　　③

5 관광 버스는 1시간 간격으로 떠납니다.
　　　① 　　　② 　　③

6 여기는 촬영 금지입니다.
　　　① 　　②

7 손님, 이쪽으로 오십시오.
　　　① 　　②

관
광

1 지깡와 도노쿠라이 아리마스까
時間は どのくらい ありますか。
① ② ③

2 히가에리데스네
日帰りですね。
①

3 고요상와 도노쿠라이데스까
ご予算は どのくらいですか。
① ②

4 코노 코-스가 이-데쇼-
この コースが いいでしょう。
① ② ③

5 캉꼬-바스와 이찌지깡오끼니 데마스
観光 バスは 一時間おきに 出ます。
① ② ③

6 코꼬와 사쯔에이킨시데스
ここは 撮影禁止です。
① ②

7 오꺅사마 코찌라에 도-조
お客様、 こちらへ どうぞ。
① ② ③

관광

1 시내 관광을 하고 싶은데요.
　　① 　　　②

2 성(고궁)에 가고 싶은데요.
　　① 　　②

3 관광 버스는 몇 시에 떠납니까?
　　① 　　②　　③

4 여기서 사진을 찍어도 됩니까?
　　① 　②　　③　　④

5 미안하지만, 셔터를 눌러 주세요.
　　①　　②　③　④

6 화장실은 어딥니까?
　　① 　②

7 물을 마시고 싶은데요.
　　① 　②

1 시나이 캉꼬-오 　시 따인　데스 가
市内観光を したいんですが。
　①　　　　　　②

2 오시로니 이끼따인　데스 가
お城に 行きたいんですが。
　①　　　　②

3 캉꼬- 바스와　난지니　데마스 까
観光 バスは 何時に 出ますか。
　①　　　　②　　　③

4 코꼬데 샤싱오　톳 떼모　이-데스 까
ここで 写真を 撮っても いいですか。
　①　　　②　　　③　　　　④

5 스미마셍 가　샷- 따　오 오시떼 쿠다사이
すみませんが、 シャッターを 押して ください。
　①　　　　　　②　　　　　③　　　④

6 오 떼아라이 와　도 코데쇼- 까
お手洗いは どこでしょうか。
　①　　　　②

7 미즈가 노미따인　데스 가
水が 飲みたいんですが。
　①　　②

1 곧장 가십시오.
①   ②

2 좋은 경치군요.
①   ②

3 안내소는 어디에 있습니까?
①   ②   ③

4 파출소는 어딥니까?
①   ②

5 토산품(선물)가게는 어딥니까?
①   ②

6 첫 모퉁이를 도십시오.
① ② ③

7 명소(볼만한 곳)를 가르쳐 주십시오.
①   ②

관광

1 맛 ー 스 구　잇　떼　쿠 다 사 이
まっすぐ 行って ください。
　　①　　　　　②

2 이 ー　케시 끼 데 스 네
いい 景色ですね。
　①　　　②

3 안 나이 쇼 와　도 꼬 니　아 리 마 스　까
案内所は どこに ありますか。
　　①　　　　②　　　　③

4 코 ー 방 와　도 꼬 데 쇼 ー　까
交番は どこでしょうか。
　①　　　　②

5 오 미야 게 야 상　와　도 꼬 데 쇼 ー　까
お土産屋さんは どこでしょうか。
　　①　　　　　　②

6 사이 쇼 노　카도 오　마 갓　떼　쿠 다 사 이
最初の 角を 曲がって ください。
　①　　②　　　③

7 메이 쇼 오　오시 에 떼　쿠 다 사 이 마 셍　까
名所を 教えて くださいませんか。
　①　　　②

관 · 련 · 어 · 휘

① 川 강
카와
かわ

② 公園 공원
코-엥
こうえん

③ 見物 구경
켐부쯔
けんぶつ

④ 動物園 동물원
도-부쯔엥
どうぶつえん

⑤ 美術館 미술관
비쥬쯔깡
びじゅつかん

⑥ 海 바다
우미
うみ

⑦ 海辺 바닷가
우미베
うみべ

⑧ 博物館 박물관
하꾸부쯔깡
はくぶつかん

⑨ 花火 불꽃놀이
하나비
はなび

⑩ 山 산
야마
やま

⑪ 島 섬
시마
しま

⑫ 水族館 수족관
스이 조꾸깡
すいぞくかん

⑬ 植物園 식물원
쇼꾸부쯔엥
しょくぶつえん

⑭ 神社 신사
진 쟈
じんじゃ

⑮ 温泉 온천
온 셍
おんせん

⑯ 遊園地 유원지
유-엔찌
ゆうえんち

⑰ 地図 지도
치 즈
ちず

⑱ お祭り 축제
오 마쯔 리
まつ

⑲ 海岸 해안
카이강
かいがん

⑳ 湖 호수
미즈우미
みずうみ

제 15 장
극장에서

가이드의 설명

카부끼(歌舞伎)·분라꾸(文楽)·노오(能)를 예로 들 수 있는데, 카부끼(歌舞伎)만을 공연하는 극장엘 가 보면, 무대 장치와 의상은 정교하고 호화스러우며, 등장하는 배우는 모두 남자들뿐이므로, 여자 역할도 모두 남자가 한다는 것이 특징이다. (*자세한 것은 http://www.kabuki.ne.jp/links/index.html)

분라꾸(文楽)는 오사까(大阪)에서 발달한 인형극으로서, 살아 있는 듯한 인형의 연기와 함께 화려한 의상과 음악을 즐길 수 있다는 것이 특징이다. (*자세한 것은 http://www.lares.dti.ne.jp/~bunraku/bun_top.html#anchor993800)

노오(能)는 가면을 쓴 남자 배우들이 호화로운 의상을 입고, 천천히 정형화된 동작으로 연기하는 늦은 템포의 가면극으로서 고도의 예술성을 갖고 있는 것이 특징이다. (*더 자세한 것은 http://www.iijnet.or.jp/NOH-KYOGEN/)

1 몇 장 필요하십니까?
① ②

2 좌석은 모두 매진됐습니다.
① ② ③

3 한 분에 2천엔입니다.
① ②

4 두 분이면 4천엔이 됩니다.
① ②

5 지금 막 시작되었습니다.
① ②

6 벌써 시작됐습니다.
① ②

7 입석 밖에 없습니다.
① ② ③

극장

① <ruby>何枚<rt>남 마이</rt></ruby> <ruby>ご入用<rt>고 뉴- 요</rt></ruby>（<ruby>入り用<rt>이 리 요</rt></ruby>）<ruby>ですか<rt>데 스 까</rt></ruby>。
  ①   ②

② <ruby>お席は<rt>오 세끼 와</rt></ruby> <ruby>全部<rt>젬 부</rt></ruby> <ruby>売り切れました<rt>우 리 끼 레 마 시 따</rt></ruby>。
  ①   ②   ③

③ <ruby>お一人様<rt>오 히또리 사마</rt></ruby> <ruby>二千円です<rt>니 셍 엔 데 스</rt></ruby>。
   ①   ②

④ <ruby>お二人様では<rt>오 후따리 사마 데 와</rt></ruby> <ruby>四千円に<rt>욘 셍 엔 니</rt></ruby> <ruby>なります<rt>나 리 마 스</rt></ruby>。
    ①   ②

⑤ <ruby>今<rt>이마</rt></ruby>、 <ruby>始まった<rt>하지 맛 따</rt></ruby> <ruby>ばかりです<rt>바 까 리 데 스</rt></ruby>。
  ①   ②

⑥ <ruby>もう<rt>모 -</rt></ruby> <ruby>始まって<rt>하지 맛 떼</rt></ruby> <ruby>います<rt>이 마 스</rt></ruby>。
  ①   ②

⑦ <ruby>立見席<rt>타 찌미세끼</rt></ruby> <ruby>しか<rt>시 까</rt></ruby> <ruby>ございません<rt>고 자 이 마 셍</rt></ruby>。
  ①   ②   ③

1 오늘 표, 있습니까?
　　①　　②

2 오늘 저녁 좌석을 2장 부탁합니다.
　　①　　②　　③　　④

3 2층 좌석이 있습니까?
　　①　　②

극
장

4 1층 앞자리를 부탁합니다.
　　①　　②　　③

5 1,000엔 짜리 좌석을 2장 주십시오.
　　①　　②　　③

6 입석은 없습니까?
　　①　　②

7 연극은 몇 시에 시작됩니까?
　　①　　②　　③

① 今日の 切符、 ありますか。
코 - 노 킵뿌 아리마스 까
　　①　　　　　　②

② 今晩の 席を 二枚 お願いします。
콤반노 세끼오 니마이 오네가이시마스
　①　　②　　③　　　④

③ 二階席が ありますか。
니까이세끼가 아리마스 까
　①　　　　②

④ 一階の 前の 席を お願いします。
익까이노 마에노 세끼오 오네가이시마스
　①　　②　　③

⑤ 千円の 席を 二枚 ください。
셍엔노 세끼오 니마이 쿠다사이
　①　　②　　③

⑥ 立見席は ありませんか。
타찌미세끼와 아리마셍 까
　①　　　②

⑦ 芝居は 何時に 始まりますか。
시바이와 난지니 하지마리마스 까
　①　　②　　③

극
장

1 <u>내일 밤</u>, <u>시간이 있으세요?</u>
　　①　　　　②

2 <u>연극을</u> <u>보러</u> <u>가지 않겠습니까?</u>
　　①　　②　　　③

3 <u>카부끼를</u> <u>꼭</u> <u>보고 싶은데요.</u>
　　①　　②　　③

4 <u>음악회에</u> <u>함께</u> <u>가지 않을래요?</u>
　　①　　　②　　　③

5 <u>무엇을</u> <u>공연(상연)하고</u> <u>있습니까?</u>
　　①　　　②　　　③

6 <u>기꺼이</u> <u>가겠습니다.</u>
　　①　　　②

7 <u>제가</u> <u>모시겠습니다.</u>
　　①　　②

극장

1 아시따노방　오히마데쇼－　까
あしたの晩、　お暇でしょうか。
　①　　　　②

2 시바이오　미니　이끼마셍　까
芝居を　見に　行きませんか。
　①　　②　　③

3 카부끼오　제히　미따인　데스가
歌舞伎を　ぜひ　見たいんですが。
　①　　②　　③

4 옹가꾸까이니　잇쇼니　이끼마셍　까
音楽会に　一緒に　行きませんか。
　①　　②　　③

5 나니오　얏떼　이룬　데스까
何を　やって　いるんですか。
　①　　②　　③

6 요로꼰데　마이리마스
喜んで　参ります。
　①　　②

7 와따시가　오또모시마쇼－
私が　お供しましょう。
　①　　②

극
장

관 련 어 휘

① 歌舞伎座 카부끼 극장
카 부 끼 자
か ぶ き ざ

② 劇場 극장
게끼죠-
げきじょう

③ 売り切れる 매진되다
우 리끼레루
う き

④ すばらしい 멋지다
스 바 라 시 -

⑤ 舞台 무대
부따 이
ぶたい

⑥ 俳優 배우
하이유-
はいゆう

⑦ 芝居 연극
시 바이
しば い

⑧ 映画館 영화관
에이가 깡
えいがかん

⑨ 音楽 음악
옹 가꾸
おんがく

⑩ 日本舞踊 일본무용
니 혼 부요-
にほんぶよう

⑪ 時代劇 일본사극
지 다이게끼
じ だいげき

⑫ 立見席 입석
타찌 미 세끼
たち み せき

⑬ 面白い 재미있다
오모시로 이
おもしろ

⑭ 面白かった 재미있었다
오모시로깟 - 따
おもしろ

⑮ 楽しい 즐겁다
타노시-
たの

⑯ 指定席 지정석
시 떼이세끼
していせき

⑰ 特別席 특별석
토꾸베쯔세끼
とくべつせき

⑱ 切符 표(티켓)
킵 뿌
きっぷ

⑲ 番組 프로그램
방 구미
ばんぐみ

⑳ 払い戻す 환불하다
하라 이 모도 스
はら もど

극장

제 **16** 장

쇼핑하기

가이드의 설명

이곳저곳 여행하면서, 귀국 선물은 나중에 사야겠다고 미루다보면, 나중에는 아무것도 못 사고 귀국하는 수도 있다. 그러므로, 여행할 때에 돈이나 무게에 부담이 안 가는 것이라면 그 지방의 토산품은 그때그때 사는 것이 현명하다. 왜냐하면, 지방 토산품은 아무리 인기가 있어도 다른 곳에서는 판매하지 않기 때문이다.

간단한 선물이라면, 귀국하기 직전인 공항에서 사는 것도 한 가지 방법이기는 하지만, 특색 있는 것은 별로 없음에 유의해야 한다. 공항에서 살 수 있는 것은, 일본 특유의 과자와 모찌 종류를 사는 것으로 생각하면 틀림없다. 특색 있는 것을 사고 싶을 때는 전문 매장에 가서 사는 것이 좋다. 예를 들어서 전자제품은 아끼하바라(秋葉原)에서, 장난감은 장난감 백화점에서, 문구(文具)는 문구 백화점에서 사는 것이 좋다.

종업원의 필수 표현

1 어서 오십시오.
①

2 무엇을 찾고 계십니까?
①　　　　　②

3 무엇을 드릴까요?
①　　　　②

4 예산은 어느 정도입니까?
①　　　　②

5 이것은 어떻습니까?
①　　　②

6 우리 가게(여기)에는 없습니다.
①　　　②　　　③

7 감사합니다.
①

① 이랏 - 샷 이마세
いらっしゃいませ。
　　　　①

② 나니 오 오사가시데스 까
何を お探しですか。
　①　　　　②

③ 나니 오 사시아게마쇼 - 까
何を 差し上げましょうか。
　①　　　　②

④ 고요상와 도노쿠라이데스까
ご予算は どのくらいですか。
　①　　　　②

⑤ 코레와 이까가데스 까
これは いかがですか。
　①　　　②

⑥ 우찌 코찌라 니와 고자이마셍
うち(こちら)には ございません。
　①　②　③

⑦ 아리가또 - 고자이마시따
ありがとうございました。
　　　　①

손님의 필수 표현

1 얼마입니까?
　①

2 더 싼 것은 없습니까?
　① ② ③

3 열어 봐도 됩니까?
　① ② ③

4 신어 봐도 됩니까?
　① ② ③

5 한 번 입어 봐도 됩니까?
　① ②

6 들어 볼 수 있습니까?
　①

7 다른 것은 없습니까?
　① ②

1 이 꾸라데스 까
いくらですか。
①

2 못 또 야스이노와 아리마셍 까
もっと 安いのは ありませんか。
① ② ③

3 아 께떼 미떼모 이-데스 까
開けて みても いいですか。
① ② ③

4 하 이 떼 미 떼모 이-데스 까
履いて みても いいですか。
① ② ③

5 시 짜꾸시 떼모 이-데스 까
試着しても いいですか。
① ②

6 시 쵸- 데 끼마스 까
試聴できますか。
①

7 호 까노 모노와 아리마셍 까
ほかの ものは ありませんか。
① ②

1 (잘)맞지 않습니다.
　　①

2 딱 됐습니다.
　①　　②

쇼
핑

3 이것은 너무 큽니다.
　　①　　　②

4 이것은 너무 작습니다.
　　①　　　②

5 똑같은 것으로 큰 것은 없습니까?
　①　　②　　③　④　　　⑤

6 따로따로 포장해 주십시오.
　　①　　　②　　　③

7 호텔까지 배달해 줄 수 없습니까?
　　①　　　②

1 아 이 마 셍
合いません。
①

2 쵸 - 도 이 -데 스
ちょうど いいです。
①　　　　②

3 코 레 와 오- 끼 스 기 마 스
これは 大きすぎます。
①　　　　②

4 코 레 와 치- 사 스 기 마 스
これは 小さすぎます。
①　　　　②

5 오 나 지 모 노 데 오- 끼 이 노 와 아 리 마 셍 까
同じ 物で 大きいのは ありませんか。
①　　②　　③　　　④　　　　⑤

6 베 쯔 베 쯔 니 츠 츤 데 쿠 다 사 이
別々に 包んで ください。
①　　　②　　　③

7 호 테 루 마 데 토 도 께 떼 모 라 에 마 셍 까
ホテルまで 届けて もらえませんか。
①　　　　　②

쇼핑

① 値段・価格 가격
ねだん　かかく
(네당　카까꾸)

② 軽い もの 가벼운 것
かる
(카루 이 모 노)

③ 茶色 갈색
ちゃいろ
(챠이로)

④ 黒い もの 검은 것
くろ
(쿠로 이 모 노)

⑤ 四角の もの 네모난 것
しかく
(시까꾸 노 모 노)

⑥ 黄色い もの 노란 것
きいろ
(키-로이 모 노)

⑦ 緑・グリーン 녹색
みどり
(미도리 구린-)

⑧ 丸い もの 둥근 것
まる
(마루 이 모 노)

⑨ 重い もの 무거운 것
おも
(오모 이 모 노)

⑩ 明るい もの 밝은 것
あか
(아까루 이 모 노)

⑪ 赤い もの 빨간 것
あか
(아까 이 모 노)

⑫ 高い もの 비싼 것
たか
(타까 이 모 노)

⑬ 安い もの 싼 것
やす
(야스 이 모 노)

⑭ 領収書 영수증
りょうしゅうしょ
(료-슈-쇼)

⑮ ぐらい 정도
(구라이)

⑯ もっと 小さい 좀더 작은
ちい
(못 또 치-사이)

⑰ もっと 大きい 좀더 큰
おお
(못 또 오-끼-)

⑱ サイズ 칫수
(사 이 즈)

⑲ 青い もの 파란 것
あお
(아오 이 모 노)

⑳ 割引 할인
わりびき
(와리비끼)

제 17 장
병원에서

가이드의 설명

　　일본에 관광차 왔다가 가장 많이 병원 신세를 지는 계절은 역시 여름이다. 일본의 여름은 '덥다' 라는 표현을 넘어서 '찌는 듯이 덥다(무시아쯔이)' 라는 표현이 어울릴 정도로 높은 습도 때문에 에어컨 없이는 잠을 잘 수가 없다. 그래서 밤새도록 에어컨을 켜놓고 자다가, 감기나 복통으로 병원 신세를 져야 하는 일이 종종 있다.

　　한국인이 자주 오는 병원에는 한글로 된 표준 진찰 물음표가 있어서 다행이지만, 그렇지 않은 경우에는 일본어로 대화를 해야 한다. 의료 보험도 안 되므로 진료비는 상당히 비싸서 간단한 치료만 받아도 치료비는 엄청나다고 생각해야 한다. 그리고, 일본의 약국에서는 의사의 처방 없이는 약을 구할 수가 없다. 그러므로, 여름에 일본으로 여행할 때는, 평소 집에서 준비해 두었던 비상약 정도는 갖고 떠나는 것이 현명하다.

1 어디가 편찮으세요?
　　①

2 어디가 편찮으세요?
　①　　②

3 여기가 아픕니까?
　①　　②

4 입을 벌려 보세요.
　①　　②

5 혀를 내밀어 보세요.
　①　　②

6 소매를 걷어올리세요.
　①　　②

7 옆으로 누우세요.
　　①

병
원

1 どうか しましたか。
도 - 까　시마시따 까
　　①

2 どこが 悪いんですか。
도 꼬 가　와루인　데스 까
　①　　　　②

3 ここが 痛いんですか。
코 꼬 가　이따인　데스 까
　①　　　　②

4 口を 開けて ください。
쿠찌 오　아 께떼　쿠 다 사이
　①　　　②

5 舌を 出して ください。
시따 오　다 시떼　쿠 다 사이
　①　　　②

6 袖を まくって ください。
소데 오　마 꿋　떼　쿠 다 사이
　①　　　②

7 横に なって ください。
요꼬 니　낫　떼　쿠 다 사이
　　①

병원

1 교통사고로 다쳤습니다.
　　① 　　　②

2 여기가 몹시 아픕니다.
　① 　② 　③

3 어젯밤 설사를 하였습니다.
　① 　② 　③

4 열이 납니다.
　① 　②

5 아무것도 못 먹습니다.
　① 　②

6 배가 아픕니다.
　① 　②

7 구역질이 납니다.
　①

병원

1 交通事故で けがを しました。
꼬-쯔- 지 꼬데　케 가 오　시 마 시 따
　　　① 　　　　　 　②

2 ここが ひどく 痛いんです。
코 꼬 가　히 도 꾸　이따인　데 스
　 ① 　　 ② 　　　 ③

3 きのうの晩、 下痢を しました。
키 노 - 노 방　　 게 리 오　시 마 시 따
　　 ① 　　　　　 ② 　　　 ③

4 熱が あります。
네쯔 가　아 리 마 스
　① 　　 ②

5 何も 食べられません。
나니 모　타 베 라 레 마 셍
　① 　　　　 ②

6 おなかが 痛いんです。
오 나 까 가　이따인　데 스
　 ① 　　　 ②

7 吐気が します。
하끼 께 가　시 마 스
　①

병원

병원

1 머리가 깨질 듯이 아픕니다.
    ①   ②   ③

2 온 몸이 나른합니다.
    ①   ②

3 화상을 입었습니다.
    ①

4 손발이 저립니다.
    ①   ②

5 숨이 찹니다.
    ①

6 감기가 들었습니다.
    ①

7 약은 4시간 간격으로 복용하세요.
    ①   ②   ③

1 頭が 割れるように 痛いんです。
アタマ ガ ワ レ ル ヨー ニ イタ イン デ ス
① ② ③

2 体じゅうが だるいんです。
カラ ダ ジュー ガ ダ ルイン デ ス
① ②

3 火傷を しました。
ヤ ケ ド オ シ マ シ タ
①

4 手足が しびれます。
テ アシ ガ シ ビ レ マ ス
① ②

5 息切れが します。
イキ ギ レ ガ シ マ ス
①

6 風邪を 引きました。
カ ゼ オ ヒ キ マ シ タ
①

7 薬は 四時間おきに 飲んで ください。
クスリ ワ ヨ ジ カン オ キ ニ ノン デ ク ダ サ イ
① ② ③

병원

① 胸 가슴
무네
むね

② 看護婦 간호사
캉 고 후
かんごふ

③ 耳 귀
미미
みみ

④ 咳 기침
세끼
せき

⑤ 目 눈
메
め

⑥ 背中 등
세나까
せなか

⑦ 首 목
쿠비
くび

⑧ 喉 목구멍
노도
のど

⑨ 膝 무릎
히자
ひざ

⑩ 足首 발목
아시꾸비
あしくび

⑪ 消化不良 소화불량
쇼ー까 후 료ー
しょうかふりょう

⑫ 手首 손목
테꾸비
てくび

⑬ 手術 수술
슈 쿄쯔
しゅじゅつ

⑭ 肩 어깨
카따
かた

⑮ 胃 위
이
い

⑯ 歯 이(치아)
하
は

⑰ 注射 주사
쥬ー 샤
ちゅうしゃ

⑱ 鼻 코
하나
はな

⑲ 腕 팔
우데
うで

⑳ 腰 허리
코시
こし

제 **18** 장

은행에서

가이드의 설명

출국할 때, 충분한 엔화로 바꾸어서 여행을 왔으면 별 문제는 없지만, 부족해서 신용카드에 의한 긴급 대출을 원할 경우는 가까운 은행에 가서 달러로 대출을 받은 다음 다시 엔화로 바꾸어야 하는 번거로움이 있으므로, 현찰은 아끼고 카드로 결제하는 것도 도움이 된다. 달러와 여행자수표는 큰 호텔 또는 큰 백화점의 환전소에서도 바꿀 수 있다. 여행자 수표를 이용하게 되면 현찰보다는 수수료를 적게 무는 장점이 있으나, 엔화로 교환할 때에는 여권을 항상 제시해야 하는 불편한 점도 있다.

은행의 영업시간은 오전 9시~오후 3시까지이며, 토요일·일요일·공휴일은 휴무이다. 그리고 물건을 파는 곳이라면 어디서든지 1, 5, 10, 50, 100, 500엔 짜리 동전을 모두 사용하며, 지폐로는 1,000엔, 2,000엔, 5,000엔, 10,000엔 권을 모두 사용한다.

1 <u>얼마</u> <u>바꾸시겠습니까?</u>
　 ①　　　②

2 <u>여기에다</u> <u>기입해 주세요.</u>
　 ①　　　②

3 <u>성함과</u> <u>여권 번호를</u> <u>써 주십시오.</u>
　 ①　　　②　　　③

4 <u>여권을</u> <u>보여주시겠습니까?</u>
　 ①　　　②

5 <u>모두</u> <u>1만엔</u> <u>지폐로</u> 하시겠습니까?
　 ①　　②　　③

6 <u>수수료를</u> <u>제하고</u> <u>9만 8천엔입니다.</u>
　 ①　　②　　③

7 <u>자</u> <u>확인해 보십시오.</u>
　 ①　　②

1 이꾸라 오까에니 나리마스 까
いくら お換えに なりますか。
① ②

2 코레니 카끼꼰 데 쿠다사이
これに 書き込んで ください。
① ②

3 오나마에또 파스포-또방고-오 오까끼쿠다사이
お名前と パスポート番号を お書きください。
① ② ③

4 파스포-또오 미세떼 이따다께마셍 까
パスポートを 見せて いただけませんか。
① ②

5 젬부 이찌망엠사쯔니 시마스 까
全部 一万円札に しますか。
① ② ③

6 테스료-오 사시히이떼 큐-망핫셍엔데스
手数料を 差し引いて 九万八千円です。
① ② ③

7 도-조 오따시까메 쿠다사이
どうぞ、 お確かめ ください。
① ②

은행

① 환전 창구는 어딥니까?
　　① 　② 　　③

② 달러를 엔으로 바꾸고 싶은데요.
　　① 　② 　　③

③ 오늘의 환율은 얼맙니까?
　　① 　② 　　③

④ 여행자 수표를 현금으로 바꾸고 싶은데요.
　　　① 　　② 　　　③

⑤ 달러 당 얼맙니까?
　　① 　　②

⑥ 2만엔을 천엔짜리 지폐로 해 주세요.
　　① 　　② 　　③

⑦ 천엔권을 100엔짜리 동전으로 해 주세요.
　　① 　　② 　　　③

1 료-가에 마도구찌 와 도꼬데쇼-까
両替 窓口は どこでしょうか。
　①　　　②　　　　③

2 도루오 엔니 카에따인 데스가
ドルを 円に 換えたいんですが。
　①　　②　　　③

3 쿄-노 카와세레-또 와 이꾸라데스 까
今日の 為替レートは いくらですか。
　①　　　②　　　　　③

4 토라베라-즈쳇 꾸 오 겡낀니 시따인 데스가
トラベラーズチェックを 現金に したいんですが。
　　　①　　　　　②　　　③

5 도루아따리 이 꾸라데스 까
ドル当り いくらですか。
　①　　　②

6 니망엥와 셍엔사쯔니 시떼 쿠다사이
二万円を 千円札に して ください。
　①　　　②　　　③

7 셍엔사쯔와 햐꾸엔다마니 시떼 쿠다사이
千円札を 百円玉に して ください。
　①　　　②　　　③

147

1 환전 창구는 저쪽입니다.
　①　　②　　③

2 모두 천엔짜리 지폐로 부탁합니다.
　①　　②　　③

3 시세는 오름세입니까? 내림세입니까?
　①　　②　　③

4 100엔짜리 동전도 필요합니다.
　①　　②

5 잔돈이 필요합니다.
　①　　②

6 사인으로 됩니까?
　①　　②

7 이렇게 해도 됩니까?
　①　　②

1 료-가에마도구찌 와 / 아 찌 라 데 스
兩替窓口は あちらです。
① ② ③

2 젬 부 / 셍 엔 사쯔 데 / 오 네 가 이 시 마 스
全部 千円札で お願いします。
① ② ③

3 소- 바 와 / 우와 무 끼 데 스 까 / 시따 무 끼 데 스 까
相場は 上向きですか、 下向きですか。
① ② ③

4 햐꾸 엔 다마 모 / 이 리 마 스
百円玉も 要ります。
① ②

5 코 제니 가 / 호 시 - 데 스
小銭が 欲しいです。
① ②

6 사 인 데 / 이 -데 쇼- 까
サインで いいでしょうか。
① ②

7 코 레 데 / 이 -데 쇼- 까
これで いいでしょうか。
① ②

① **金額** 금액
킹가 꾸
きんがく

② **ドル** 달러
도 루

③ **お金** 돈
오 까네
かね

④ **硬貨** 동전
오 까
こうか

⑤ **切手** 수표
킷 떼
きって

⑥ **相場** 시세
소ー바
そうば

⑦ **クレジットカード** 신용카드
쿠 레 짓 또 카ー도

⑧ **約束手形** 약속어음
약 소꾸 떼 가따
やくそく てがた

⑨ **円貨** 엔화
엥 까
えん か

⑩ **預金** 예금
요 낑
よきん

⑪ **上向き** 오름세
우와 무 끼
うわ む

⑫ **引出し** 인출
히끼 다 시
ひきだ

⑬ **貯金** 저금
쵸 낑
ちょきん

⑭ **切上げ** 절상
키리 아 게
きりあ

⑮ **切下げ** 절하
키리 사 게
きりさ

⑯ **札束** 지폐뭉치
사쯔따바
さつたば

⑰ **通帳** 통장
츠ー쵸ー
つうちょう

⑱ **為替レート** 환율
카 와 세레ー 또
かわせ

⑲ **両替** 환전
료ー 가 에
りょうがえ

⑳ **両替窓口** 환전창구
료ー 가에 마도구찌
りょうがえまどぐち

제 **19** 장

우체국에서

가이드의 설명

　일본의 유명한 관광지에 가면 그 지방의 특성을 살린 그림 엽서를 손쉽게 구입할 수 있다. 가는 곳마다 그림 엽서만 사서 스크랩 해 두면, 기념 사진 못지 않게 좋은 추억거리가 됩니다. 그림 엽서의 사진은 프로 사진작가들이 최상의 상태에서 찍은 사진들이므로, 관광지에서 어떻게 구도를 잡을 것인지에 대해서도 도움이 됩니다. 이러한 그림 엽서에다 한 두자 정도 적어서 고국의 친지들에게 보내면 소중한 마음의 선물이 되기도 한다.

　우편 번호가 처음으로 실시된 나라는 일본이며, 우편 번호를 알리는 표시로 ⊤마크를 사용하고 있다. 일본 국내의 우편번호는 현재 7자리 숫자로 표기하고 있으며, 일본 국내의 통상(通常) 우편 요금은 25그램까지는 80엔, 50그램까지는 90엔이다. 한국까지의 요금은 25그램까지는 90엔, 50그램까지는 160엔이므로, 1그램 차이로 70엔을 더 물게 된다.

1 이 소포에는 무엇이 들어 있습니까?
　① 　　② 　　　③ 　　　　④

2 이것은 배편(선편)입니까, 항공편입니까?
　① 　　　　② 　　　　　　③

3 이것은 보통편입니까, 속달입니까?
　① 　　　　② 　　　　③

4 이것은 등기입니까?
　① 　　　②

5 편지는 5번 창구입니다.
　① 　　　②

6 발송인의 주소를 써 주십시오.
　① 　　② 　　③

7 여기에다 기입해 주십시오.
　① 　　②

1
코 노　코즈쯔미 니 와　나니 가　하 잇 떼　이 마 스 까
この 小包には 何が 入って いますか。
① ② ③ ④

2
코 레 와　후나 빈 데 스 까　코-꾸- 빈 데 스 까
これは 船便ですか、 航空便ですか。
① ② ③

3
코 레 와　후 쯔- 빈 데 스 까　소꾸따쯔 데 스 까
これは 普通便ですか、 速達ですか。
① ② ③

4
코 레 와　카끼또메 데 스 까
これは 書留ですか。
① ②

5
테 가미 와　고 반 노　마도구찌데 스
手紙は 5番の 窓口です。
① ②

6
오꾸 리누시 노　쥬- 쇼오　카 이 떼　쿠 다 사 이
送り主の 住所を 書いて ください。
① ② ③

7
코 레 니　카 끼 꼰　데　쿠 다 사 이
これに 書き込んで ください。
① ②

우
체
국

1 가장 가까운 우체국은 어디입니까?
　　　①　　　②　　　③

2 등기는 몇 번 창구입니까?
　　①　②　　③

3 이것을 항공편으로 부탁합니다.
　　①　　②　　　③

4 요금은 얼맙니까?
　　①　　②

5 이 소포를 등기로 해 주십시오.
　①　②　　③　　　④

6 한국까지는 며칠 정도 걸릴까요?
　　①　　　②　　　③

7 엽서, 3장 주십시오.
　①　②　　③

1 最寄りの 郵便局は どこでしょうか。
　　모 요 리 노　유- 빙 꾜꾸 와　도 꼬 데 쇼 - 　까
　　　①　　　　②　　　　③

2 書留は 何番の 窓口ですか。
　　카끼 또메 와　남 반 노　마도 구찌 데 스 까
　　　①　　　②　　　③

3 これを 航空便で お願いします。
　　코 레 오　코- 꾸- 빈 데　오 네 가 이 시 마 스
　　①　　　②　　　③

4 料金は いくらですか。
　　료- 낑 와　이 꾸 라 데 스 까
　　①　　　②

5 この 小包を 書留に して ください。
　　코 노　코즈쯔미 오　카끼또메 니　시 떼　쿠 다 사 이
　　①　　②　　　③　　　④

6 韓国までは 何日ぐらい かかるでしょうか。
　　깡 꼬꾸 마 데 와　난니 찌 구 라 이　카 까루 데 쇼- 　까
　　　①　　　　②　　　　③

7 葉書、三枚 ください。
　　하가 끼　삼 마이　쿠 다 사 이
　　①　　②　　③

우체국

1 이것을 속달로 해 주십시오.
  ①   ②   ③

2 300엔의 우표가 필요합니다.
  ①   ②   ③

3 언제쯤 도착할까요?
  ①   ②

4 언제쯤 도착할까요?
  ①   ②

5 언제쯤 배달될까요?
  ①   ②

6 내 앞으로 온 편지가 있습니까?
  ①   ②   ③

7 김 씨 앞으로 온 우편물이 와 있습니다.
  ①   ②   ③

우체국

코 레 오　소꾸따쯔 니　시 떼　쿠 다 사 이
1 これを 速達に して ください。
　　① 　　　② 　　③

삼바꾸 엔 노　 킷 떼 가　이 리 마 스
2 300円の 切手が 要ります。
　　① 　　　② 　　③

이 쯔 고 로　 츠꾸 데 쇼 - 　 까
3 いつごろ 着くでしょうか。
　　① 　　　　②

이 쯔 고 로　 토도 꾸 데 쇼 - 　 까
4 いつごろ 届くでしょうか。
　　① 　　　　②

이 쯔 고 로　 하이따쯔 사 레 루 데 쇼 - 　 까
5 いつごろ 配達されるでしょうか。
　　① 　　　　②

와따시 아떼 노　 테 가미 가　아 리 마 스 까
6 私宛の 手紙が ありますか。
　　① 　　　② 　　③

김 상　아떼 노　 유 - 빔 부쯔 가　키 떼　이 마 스
7 金さん宛の 郵便物が 来て います。
　　① 　　　　② 　　③

관·련·어·휘

① 書留料 등기료
카끼또메료—
かきとぬりょう

② 送り主 발신인
오꾸 리 누시
おく ぬし

③ 普通便 보통편
후-쯔—빈
ふ つう びん

④ 封筒 봉투
후—또—
ふうとう

⑤ 船便 선편(배편)
후나 빈
ふなびん

⑥ 小包 소포
코즈쯔미
こづつみ

⑦ 速達 속달
소꾸따쯔
そくたつ

⑧ 受取人 수취인
우께또리 닌
うけとりにん

⑨ 宛名 수취인주소
아떼 나
あて な

⑩ 切手 수표
킷떼
きって

⑪ 葉書 엽서
하가 끼
はがき

⑫ 往復葉書 왕복엽서
오 - 후꾸하가끼
おうふくはがき

⑬ 外国為替 외국환
가이꼬꾸 카 와세
がいこくかわせ

⑭ 料金 요금
료—낑
りょうきん

⑮ 郵便局 우체국
유—빙 꾜꾸
ゆうびんきょく

⑯ ポスト 우체통
포 스 또

⑰ 郵便物 우편물
유—빙 부쯔
ゆう びんぶつ

⑱ 宅配便 택배
타꾸하이 빈
たくはいびん

⑲ 便箋 편지지
빈 센
びんせん

⑳ 宅急便 화물급행배달
탁 뀨—빈
たっきゅうびん

제 **20** 장

전화걸기

가이드의 설명

일본의 공중 전화기는 '국내 전용'과 '국내·국제 겸용'으로 구분되어 있으므로, 구분해서 이용해야 한다. 그러나, 지방의 조그마한 도시에서는 국제전화를 걸 수 있는 공중 전화기를 발견할 수 없어, 애를 먹을 때가 한두 번이 아니다.

일본에서 한국의 서울(02) 234-5678로 전화할 경우는, 서울 지역 번호 '02'에서 '0'은 생략하고 001-82(한국)-2(서울)-234-5678로 걸어야 한다. 그리고 밤 11시부터 다음날 아침 8시까지는 30% 할인 혜택이 있으므로, 이 시간대에 걸면 그만큼 이득이 된다. 호텔 객실에서 거는 전화 요금에는 시설 사용료까지 포함되므로, 절약하기 위해서는 가능한 한 공중전화를 이용하는 것이 좋다. 요즈음은 외국인들이 전화카드를 위조해서 사용하기 때문에, 전화카드로는 국제전화를 걸 수 없는 곳이 많으므로 동전으로만 걸어야 하는 곳이 대부분이다.

전
화

1 지금, 통화중입니다.
　　①　　　②

2 잠깐만 기다려 주십시오.
　　①　　　　②

3 잠깐 기다려 주세요.
　　①　　　②

4 미안합니다. 지금 부재중입니다.
　　①　　②　　③

5 미안합니다만, 외출중입니다.
　　①　　　②

6 전하실 말씀은 없으십니까?
　　①　　②

7 아뇨, (전화)잘못 거셨습니다.
　　①　　②

1 이마
今、 お話中で す。
오 하나시쮸 - 데 스
① ②

2 쇼 - 쇼 -
少々 お待ち ください。
오 마 찌 쿠 다 사 이
① ②

3 춋 - 또
ちょっと 待って ください。
맛 떼 쿠 다 사 이
① ②

4 스 미 마 셍
すみません。 今、 留守にしています。
이마 루 스 니 시 떼 이 마 스
① ② ③

5 스 미 마 셍 가
すみませんが、 出かけて います。
데 까 께 떼 이 마 스
① ②

6 오 꼬또 즈 께 와
お言付けは ございませんか。
고 자 이 마 셍 까
① ②

7 이 - 에
いいえ、 違います。
치가 이 마 스
① ②

① 여보세요, 저는 한국에서 온 김인데요.
　　①　　　②　　　③　　　④　　　⑤

② 나까무라 씨를 좀 바꿔 주세요.
　　①　　　　　　②

③ 200호실, 부탁합니다.
　　①　　　②

④ 몇 시쯤 돌아오십니까?
　　①　　②

⑤ 돌아오시는 대로, 전화 부탁합니다.
　　①　　　②　③　　④

⑥ 7시경에 다시 한 번 전화하겠습니다.
　　①　　②　　③

⑦ 나중에 전화한다고 전해 주세요.
　　①　　②　　③

1 もしもし、こちらは 韓国から 来た 金ですが。
모시모시　꼬찌라와　깡꼬꾸까라　키 따　김 데스 가
① ② ③ ④ ⑤

2 中村さんを お願いします。
나까무라 상 오　오 네가 이 시 마스
① ②

3 200号室を お願いします。
나햐꾸 고 - 시쯔 오　오 네가 이 시 마 스
① ②

4 何時ごろ お帰 りに なりますか。
난 지 고 로　오 까에 리니　나 리마스 까
① ②

5 お帰りに なりしだい、お電話 お願いします。
오 까에 리니　나 리시다이　오 뎅 와　오 네가 이 시 마 스
① ② ③ ④

6 七時ごろに もう 一度 お電話します。
시찌 지 고 로 니　모 - 이찌도　오 뎅 와 시마스
① ② ③

7 後で お電話すると おつたえ ください。
아또 데　오 뎅 와 스 루 또　오 쯔 따에 쿠 다 사 이
① ② ③

1 공중전화는 어딥니까?
　　①　　　　②

2 잘 들리지 않습니다.
　①　　②

3 다시 한 번 말해 주세요.
　　①　　　　②

4 영어로 말해도 됩니까?
　①　　　②

5 그대로 끊지 말고 기다려 주십시오.
　①　　②　　　　③

6 요금은 상대방 지불로 해 주십시오.
　①　　②　　　③

7 그럼 실례하겠습니다. 안녕히 계세요.
　①　　②　　　　③

1 公衆電話は どこでしょうか。
코-슈-뎅 와와　도꼬데쇼-　까
① ②

2 良く 聞こえません。
요꾸　키꼬에마셍
① ②

3 もう 一度 言って くださいませんか。
모-이찌도　잇 떼 쿠다사이마셍　까
① ②

4 英語で 話しても いいですか。
에이고데　하나시떼모　이-데스까
① ②

5 そのまま 切らずに お待ちください。
소 노마마　키라즈니　오마찌쿠다사이
① ② ③

6 料金は コレクトコールに して ください。
료-낑와　코레꾸또코-루　니 시떼 쿠다사이
① ② ③

7 では、失礼します。さようなら。
데 와　시쯔레이시마스　사요-나라
① ② ③

관 련 어 휘

① 取引先 거래처
토리히끼사끼
とりひきさき

② 内線 교환번호
나이 센
ないせん

③ 交換手 교환수
코 - 깐 슈
こうかんしゅ

④ 国番号 국가번호
쿠니 방 고 -
くにばんごう

⑤ 国内電話 국내전화
코꾸나이 뎅 와
こくないでんわ

⑥ 国際電話 국제전화
콕 사이 뎅 와
こくさいでんわ

⑦ メモを とる。 메모를 하다
메모오 토루

⑧ 留守 부재중
루 스
るす

⑨ 受話器 수화기
쥬 와 끼
じゅわき

⑩ お言付け 전할 말
오 꼬또 즈 께
ことづ

⑪ 電話機 전화기
뎅 와 끼
でんわ

⑫ 電話帳 전화번호부
뎅 와 쵸 -
でん わちょう

⑬ 電話を かける 전화를 걸다
뎅 와오 카께루
でんわ

⑭ 電話を 切る 전화를 끊다
뎅 와오 키루
でんわ き

⑮ 電話が 遠い 전화가 멀다
뎅 와가 토 - 이
でんわ とお

⑯ 電話を 受ける 전화를 받다
뎅 와오 우께루
でんわ う

⑰ お電話です 전화 왔습니다
오 뎅 와 데 스
でんわ

⑱ 電話が 鳴る 전화가 울리다
뎅 와가 나루
でんわ な

⑲ パーソナルコール 지명 통화
파 - 소나루코 - 루

⑳ 携帯電話 휴대전화
케이따이 뎅 와
けいたいでん わ

제 **21** 장

소개(紹介)

가이드의 설명

일본인들은 예의를 가장 중요시하는 사람들이므로, 명함을 주고 받을 때에는 반드시 예의를 갖추어서 주고받는다.

(1) 명함 교환은 앉아서 하지 않고 반드시 일어서서 하는데, 손아랫사람이 먼저 손윗사람에게 건네 준다.

(2) 건네줄 때는 상대방이 곧바로 읽어볼 수 있도록 상대방 쪽으로 돌려서 오른손으로 건네주고, 상대방 것은 왼손으로 받은 다음 오른손으로 잡아 두 손으로 받는 형식을 취한다.

(3) 명함을 받자마자 호주머니에 바로 넣으면 실례가 되므로, 테이블 위에 펼쳐 놓고 몇 번이고 보면서 대화를 한다. 이것은 "나는 당신을 소중히 여기고 있습니다."라는 의미가 내포된 행동이다.

아무리 좋은 상품이 있어도, 예의를 갖추지 않은 회사와는 거래를 하지 않는 일본인이라는 것을 염두에 두고, 일본인들의 예의에 대해서도 공부해 두는 것이 좋다.

소개

1 나까무라 씨, 김 씨를 소개합니다.
　　　①　　　　②　　　　③

2 나까무라 씨, 김 씨를 소개하겠습니다.
　　　①　　　　②　　　　③

3 나까무라 씨, 김 씨를 소개하겠습니다.
　　　①　　　　②　　　　③

4 나의 친구를 소개하겠습니다.
　　①　②　　　　③

5 나의 친구인 김 씨를 소개하겠습니다.
　　①　②　　③　　　④

6 이쪽은 나의 친구인 김입니다.
　　①　②　　③　　④

7 이쪽은 나의 동료인 김입니다.
　　①　②　　③　　④

1 나까무라 상 　김 상 　오 　쇼-까이 시 마 스
中村さん、　金さんを 紹介します。
　①　　　　　②　　　　③

2 나까무라 상 　김 상 　오 　고 쇼-까이 시 마 스
中村さん、　金さんを ご紹介します。
　①　　　　　②　　　　③

3 나까무라 상 　김 상 　오 　고 쇼-까이 이 따 시 마 스
中村さん、　金さんを ご紹介いたします。
　①　　　　　②　　　　③

4 와따시 노 　토모 다 찌 오 　쇼-까이 시 마 쇼-
私の 友だちを 紹介しましょう。
　①　　②　　　　③

5 와따시 노 　싱유- 노 　김 상 　오 　쇼-까이 시 마 스
私の 親友の 金さんを 紹介します。
　①　　②　　　③　　　④

6 코 찌라 와 와따시 노 　유- 진 노 　김 데 스
こちらは 私の 友人の 金です。
　①　　②　　③　　④

7 코 찌라 와 와따시 노 　도-료- 노 　김 데 스
こちらは 私の 同僚の 金です。
　①　　②　　③　　④

소개

① 처음 뵙겠습니다.
      ①

② 저는 김이라고 합니다.
  ①   ②

③ 아무쪼록 잘 부탁드립니다.
    ①   ②   ③

④ 저야말로 잘 부탁드립니다.
  ① ② ③   ④

⑤ 만나 뵙게 되어 반갑습니다.
      ①   ②

⑥ 만나 뵐 수 있게 되어 반갑습니다.
      ①   ②

⑦ 저의 명함을 드리겠습니다.
  ① ②   ③

1 하 지 메 마 시 떼
はじめまして。
①

2 와 따 시 와　감 또　모- 시 마 스
わたしは 金と 申します。
①　　　　　②

3 도 - 조　　요 로 시 꾸　오 네 가 이 이 따 시 마 스
どうぞ、よろしく お願いいたします。
①　　　②　　　　③

4 코 찌 라 꼬 소　도 - 조　요 로 시 꾸
こちらこそ どうぞ よろしく。
①　　②　　③　　④

5 오 아 이 데 끼 떼　우 레 시 이 데 스
お会いできて、うれしいです。
①　　　　②

6 오 메 니 카 까 레 떼　우 레 시 이 데 스
お目に かかれて うれしいです。
①　　②

7 와 따 시 노　메 이 시 오　사 시 아 게 마 스
わたしの 名刺を さしあげます。
①　　②　　③

소개

① 한국 분이라고 들었습니다만.
　　①　　　　　　　②

② 한국에서 오셨다고 들었습니다만.
　　①　　　②　　　　③

③ 김 씨의 친구 분이라고 들었습니다만.
　　①　　　②　　　　　③

④ 김 씨의 친구 분이십니까?
　　①　　　　　②

⑤ 일본에는 어떤 용무로 오셨습니까?
　　①　　②　　③　　　④

⑥ 일본에는 어느 정도 머무르십니까?
　　①　　　②　　　③

⑦ 김 씨는 어디에 근무하고 계십니까?
　　①　　②　　　③

① 韓国の 方と お聞きしましたが。
　　①　　　　②
캉꼬꾸노 카따 또　오 끼 끼 시 마 시 따 가

② 韓国から いらちゃったと お聞きしましたが。
　　①　　　　②　　　　　　③
캉꼬꾸까라　이 랏 - 샷　- 따 또　오 끼 끼 시 마 시 따 가

③ 金さんの お友だちだと お聞きしましたが。
　　①　　　　②　　　　　③
김 산　노　오또모다찌다 또　오 끼 끼 시 마 시 따 가

④ 金さんの お友だちで いらっしゃいますか。
　　①　　　　　②
김 산　노　오또모다지데　이 랏　사　이 마 스 까

⑤ 日本には どのような ご用で
　　①　　　　②　　　　③
니 혼 니 와　도 노 요 - 나　고 요 - 데

いらっしゃったんですか。
　　　④
이 랏　샷　　딴　데 스 까

⑥ 日本には どのくらい ご滞在 ですか。
　　①　　　　②　　　　③
니 혼 니 와　도 노 쿠 라 이　고 따이자이 데 스 까

⑦ 金さんは どこに お勤めですか。
　　①　　　②　　　③
김 상　와　도 꼬 니　오 쯔또 메 데 스 까

관련어휘

① 토리히끼사끼
取引先 거래처
とりひきさき

② 카 쵸-
課長 과장
かちょう

③ 키까 이
機会 기회
きかい

④ 도 - 료-
同僚 동료
どうりょう

⑤ 도- 소- 세이
同窓生 동창생
どうそうせい

⑥ 메이시
名刺 명함
めいし

⑦ 옥 상   옥 사마
奥さん・奥様 부인
おく   おくさま

⑧ 부 쵸-
部長 부장
ぶちょう

⑨ 히 쇼
秘書 비서
ひしょ

⑩ 샤 쵸-
社長 사장
しゃちょう

⑪ 셈 빠이
先輩 선배
せんぱい

⑫ 쇼- 까이
紹介 소개
しょうかい

⑬ 쇼- 까이 쵸-
紹介状 소개장
しょうかいじょう

⑭ 츠마   카 나이
妻・家内 아내
つま   かない

⑮ 로ー싱
両親 양친부모
りょうしん

⑯ 지 꼬쇼-까이
自己紹介 자기소개
じ こしょうかい

⑰ 셈 무
専務 전무
せんむ

⑱ 쥬 - 쇼
住所 주소
じゅうしょ

⑲ 쇼꾸교-   오 시 고또
職業・お仕事 직업
しょくぎょう   しごと

⑳ 쇼 따이 멘
初対面 첫대면
しょたいめん

제 22 장
양해를 구할 때

가이드의 설명

    상대방 위주의 서비스가 몸에 배어 있는 일본인들 가운데서, 자기 중심적으로 행동하는 사람들이 생활하기에는 상당히 스트레스가 쌓이는 사회이다. 아파트에 사는 사람이 못을 하나 박더라도 이웃에게 양해를 구해야 하고, 단체로 여행을 가기로 했다가 못 가게 되는 경우에도 모든 사람에게 양해를 구해야 하고, 창가에 앉은 사람이 창문을 열 때도 옆 사람에게 양해를 구해야 하고, 남의 사무실에 가서 담배를 피울 경우에도 양해를 구해야 하는 사회가 바로 일본이다.

    상대방에게 양해를 구하지 않고 자기 중심적으로 행동하게 되면, 상대방은 놀란 토끼처럼 눈을 동그랗게 뜨고 불안해 할 뿐 아니라, 그런 행동을 하는 사람에 대해서 출신과 배경을 의심하게 된다. 그러므로, 일본인들과의 교제에서는 하나하나 세심한 배려가 필요하다.

① 여보세요. 잠깐 물어봐도 되겠습니까?
      ①   ②   ③   ④

② 창문을 열어도 되겠습니까?
   ①   ②   ③

③ 전화를 사용해도 되겠습니까?
   ①   ②   ③

④ 이것, 입어 봐도 되겠습니까?
   ①   ②   ③

⑤ 이것, 주실 수 없습니까?
   ①   ②

⑥ 조금 먹어 봐도 되겠습니까?
   ① ② ③   ④

⑦ 여기서 담배를 피워도 되겠습니까?
   ①   ②   ③   ④

1
스미마셍　　　츳 - 또　우까갓　떼모 이 - 데 스 까
すみません。ちょっと うかがっても いいですか。
　①　　　　②　　　　③　　　　④

2
마도 오　아 께떼모　이 - 데 스 까
窓を 開けても いいですか。
　①　　②　　　③

3
뎅 와오　츠깟　떼모　이 - 데 스 까
電話を 使っても いいですか。
　①　　②　　　③

4
코 레　시 짜꾸 시 떼 모　이 - 데 스 까
これ、試着しても いいですか。
　①　　②　　　③

5
코 레　모 랏　떼모　이 - 데 스 까
これ、もらっても いいですか。
　①　　②

6
츳　　또　타 베떼　미 떼모 이 - 데 스 까
ちょっと 食べて みても いいですか。
　①　　②　　③　　④

7
코 꼬데　타 바꼬오　숫　떼모　이 - 데 스 까
ここで たばこを 吸っても いいですか。
　①　　②　　③　　④

양
해

1 예, 그렇게 하십시오.
   ①   ②

2 예, 예, 그렇게 하십시오.
   ①   ②

3 예, 좋고말고요.
   ①   ②

4 예, 좋습니다.
   ①   ②

5 예, 좋습니다.
   ①   ②

6 예, 상관없습니다.
   ①   ②

7 물론 좋지요.
   ①   ②

승낙할 때 필수 표현

1 <ruby>はい<rt>하 이</rt></ruby>、 <ruby>どうぞ<rt>도 - 조</rt></ruby>。
   ①   ②

2 <ruby>はい<rt>하 이</rt></ruby>、 <ruby>どうぞ<rt>도 - 조</rt></ruby>、 <ruby>どうぞ<rt>도 - 조</rt></ruby>。
   ①   ②

3 <ruby>はい<rt>하 이</rt></ruby>、 <ruby>いいですとも<rt>이 - 데 스 또 모</rt></ruby>。
   ①   ②

4 <ruby>はい<rt>하 이</rt></ruby>、 <ruby>結構です<rt>켁 꼬 - 데 스</rt></ruby>。
   ①   ②

5 <ruby>はい<rt>하 이</rt></ruby>、 <ruby>よろしいです<rt>요 로 시 이 데 스</rt></ruby>。
   ①   ②

6 <ruby>はい<rt>하 이</rt></ruby>、 <ruby>かまいません<rt>카 마 이 마 셍</rt></ruby>。
   ①   ②

7 <ruby>もちろん<rt>모 찌 롱</rt></ruby> <ruby>いいですよ<rt>이 - 데 스 요</rt></ruby>。
   ①   ②

양
해

① 이렇게 해도 괜찮을까요?
　　①　　②　　　③

② 이젠 외출해도 괜찮겠습니까?
　　①　　②　　　　③

③ 여기서 사진을 찍어도 괜찮겠습니까?
　　①　　②　　③　　　④

④ 이것, 입어봐도 괜찮겠습니까?
　　①　　②　　　③

⑤ 창문을 열어도 괜찮겠습니까?
　　①　　②　　　③

⑥ 창문을 닫아도 괜찮겠습니까?
　　①　　②　　　③

⑦ 지금, 목욕을 해도 괜찮겠습니까?
　　①　　②　　　③

1 こうしても いいでしょうか。
코- 시떼모 이-데쇼- 까
① ② ③

2 もう 出かけても かまいませんか。
모- 데 까께떼모 카마이마셍 까
① ② ③

3 ここで 写真を 撮っても かまいませんか。
코꼬데 샤싱오 톳떼모 카마이마셍 까
① ② ③ ④

4 これ、 試着しても かまいませんか。
코레 시짜꾸시떼모 카마이마셍 까
① ② ③

5 窓を 開けても かまいませんか。
마도오 아께떼모 카마이마셍 까
① ② ③

6 窓を 閉めても かまいませんか。
마도오 시메떼모 카마이마셍 까
① ② ③

7 今、 お風呂に 入っても かまいませんか。
이마 오후로니 하잇떼모 카마이마셍 까
① ② ③

관·련·어·휘

① 오 하야 꾸 네가이 마 스
お早く 願います。
はや　　ねが
빨리 하십시오

② 오시즈 까 니 네가이 마 스
お静かに 願います。
しず　　　ねが
조용히 하십시오

③ 오 사끼 니　　도 ― 조
お先に どうぞ。
さき
먼저 하십시오

④ 오사끼 니 시쯔레이시 마 스
お先に 失礼します。
さき　　しつれい
먼저 실례하겠습니다

⑤ 오 토모 시 마 스
お供します。
とも
제가 모시고 가겠습니다

⑥ 오 모 찌 시 마 스
お持ちします。
も
들어 드리겠습니다

⑦ 오 쯔미 시 마 스
お包みします。
つつ
포장해 드리겠습니다

⑧ 고 멩까이 데 스
ご面会です。
めんかい
＜남에게＞ 면회입니다

⑨ 오 떼 가미 데 스
お手紙です。
て がみ
＜남에게＞ 편지입니다

⑩ 오 뎅 와 데 스
お電話です。
でんわ
＜남에게＞ 전화 왔습니다

양해

부 록

일본 여행을 위한 기본 상식

　일본 여행에서 가장 중요시해야 하는 것은 안전사고에 대비한 일반상식이다. 경찰과 소방서에 알릴 때의 전화번호 및 응급환자가 생겼을 때, 지진이 났을 때, 물건을 분실했을 때 등을 대비하여 가장 기본적으로 알아 두어야 할 상식만을 간추려서 정리하였다.

Ⅰ. 경찰에 알릴 때

國번 없이 110번

동경에서 110번으로 전화를 걸면 경시청 본부로 바로 연결되며, 휴대폰으로 걸 경우에는 가장 가까운 경찰 본부로 연결된다. 경찰 본부는 경찰서가 아니기 때문에 현장의 주소와 목표가 되는 것을 정확히 알려 줘야 한다.

2. 소방서에 알릴 때

國번 없이 119번

소방서는 화재 진압만 하는 곳이 아니라, 사람의 생명 구조와 관계된 긴급 상황이 발생했을 경우에도 대비하여 24시간 항상 대기하고 있는 곳이다. 화재의 경우 가장 조심해야 할 것은, 내가 아니라도 누군가가 전화를 걸었겠지 하고 생각하는 것은 금물이다. 신고는 중복되어도 상관없으므로 당황하지 말고 누구든지 걸어야 한다.

3. 응급환자가 생겼을 때

119에 전화할 만큼 긴급 상황이 아닐 경우에는, 택시 운전수에게 가장 가까운 의료센터로 데려가 달라고 요청한다. 휴일과 야간에도 항상 치료를 받을 수 있는 곳은 다음과 같다. (*한글 가나다 순서임)

- **나고야**(名古屋)＝名古屋市 医師会 休日 急病 診療所
  (052) 937-7821
- **삿뽀로**(札幌)＝札幌市 医師会 夜間 急病 센터 (011) 641-4316
- **센다이**(仙台)＝仙台市 青葉 休日 診療所 (022) 267-9999
- **오사까**(大阪)＝大阪市 中央 急病 診療所 (06) 534-0321
- **우라와**(浦和)＝浦和市 休日 急患 診療所 (048) 824-3971
- **치바**(千葉)＝千葉市 休日 救急 診療所 (043) 238-9911
- **카와사끼**(川崎)＝川崎市 川崎 休日 急患 診療所
  (044) 211-6555
- **코-베**(神戸)＝神戸市 医師会 急病 診療所 (078) 341-2313
- **쿄-토**(京都)＝京都市 休日 急病 診療所 (075) 811-5072
- **토-쿄**(東京)＝(1) 新宿区 休日 夜間 急患 센터
  (03) 3208-2222
  (2) 練馬区 休日 急患 診療所 (03) 3994-2238
- **하쩨오-지**(八王子)＝八王子市 夜間 救急 診療所
  (0426) 25-9910
- **후쿠오까**(福岡)＝福岡市 急患 診療 센터 (092) 847-1099
- **히로시마**(広島)＝広島市立 夜間 救急 診療所 (082) 232-6195

4. 물건을 분실했을 때

　여권이라도 든 가방을 잃어버렸을 적에는 어떻게 해야할지 몰라 난감할 때가 있다. 이럴 경우에는 먼저 파출소로 가서 신고해 두어야 다음에 새로 임시 여권을 발급 받을 때에 도움이 된다. 파출소에

가서 구두로 신고하면 경찰관이 신고필증을 작성해 준다. 참고로 다음의 유실물센터를 알아두면 편리하다.

동경에서 전차나 열차에서 분실했을 때

JR선 유실물 취급소

東京駅	(03) 3231－1880
新宿駅	(03) 3354－4019
大宮駅	(048) 645－3670
千葉駅	(043) 222－1774
名古屋駅	(052) 564－2442
新大阪駅	(06) 302－7335
天王寺駅	(06) 771－1100
博多駅	(092) 474－4282

수도권 유실물 취급소

営団地下鉄忘れ物センター	(03) 3834－5577
都営地下鉄・都バス交通局お忘れ物センター	(03) 3431－1515
小田急線 新宿駅	(03) 3342－5988
京王線(全駅共通)	(03) 3325－6644
西武鉄道 池袋駅	(03) 3971－0607
東急 東横線	(03) 3400－3306
新玉川線	(03) 3419－0393
相模鉄道	(045) 391－5207

오사카에서 분실했을 때

관서권(関西圏) 유실물 취급소

大阪市交通局お忘れ物センター ····················· (06) 633-9151

近鉄 難波駅 ··· (06) 213-0821

京阪 お忘れ物センター ································· (06) 353-2431

南海 難波駅 ··· (06) 631-1351

阪急 お忘れ物センター ································· (06) 373-5226

阪神 梅田駅 ··· (06) 457-2268

택시에서 분실했을 때

東京タクシー近代化センター ····················· (03) 3648-0300

多摩地区タクシー委員会 ····························· (0425) 23-5606

神奈川乗用旅客自動車協会 ························· (045) 241-3577

千葉タクシー運転者登録センター ··············· (043) 242-4787

埼玉県乗用自動車協会 ································· (048) 863-6431

大阪タクシー近代化センター ····················· (06) 933-5618

5. 지진이 났을 때

일본은 지진이 자주 발생하는 나라이므로, 일본을 여행할 경우에 대비하여 상식적으로 알아두어야 할 필수 사항이다.

집밖에 있을 때

① 길을 걷고 있을 때 : 가방이나 옷으로 머리를 감싸 보호한다.

아무것도 없을 경우에는 양손으로 머리를 감싸되 5㎝ 정도 간격을 두어 충격을 완화하도록 한다. 특히 주유소, 담벼락, 강가에는 접근하지 않도록 하며, 도로의 함몰이나 균열 등에 주의한다.

② **지하도에 있을 때** : 지하는 지상보다도 흔들림이 적고, 곳곳마다 비상 전등이 켜지므로, 침착하게 머리를 보호하며 안내 방송이나 담당자의 지시에 따른다. 연기가 발생하면, 무조건 엎드려서 기는 자세로 밖으로 나간다.

③ **자동차 운전중일 때** : 핸들을 단단히 쥐고 속도를 줄이면서 도로의 왼쪽에 정차시킨다. 그리고 라디오 정보에 유의하며, 피난할 경우에는 자동차에 키는 꽂아두고 문은 잠가 두지 않는다. 그리고 주소와 이름을 적은 쪽지를 남겨두고, 차량 검사증은 갖고 도보로 피난한다.

④ **호텔 · 사무실에 있을 때** : 문을 열어두고 창문 곁이나 환기통 주변에서 멀리 떨어져야 하며, 비상구를 통해서 대피한다. 특히 주의해야 할 점은 절대로 엘리베이터를 타서는 안 된다.

⑤ **엘리베이터 안에 있을 때** : 엘리베이터가 운행 중일 때, 지진이 나면 즉시 아무 층이나 모두 눌러서 멎은 층에서 내려야 한다. 안에 갇히게 되면 인터폰으로 사람을 부르고, 침착하게 도움을 기다린다.

⑥ **백화점 · 슈퍼마켓에서** : 유리로 된 쇼 케이스나 커다란 선반으로부터 멀리 떨어져야 하며, 옷이나 가방으로 머리를 감싸 보호하며 담당자의 지시에 따른다.

⑦ **전차 · 버스 안에 있을 때** : 안내방송을 들으면서 승무원의 지시에 따르며, 당황하여 밖으로 나오지 않도록 해야 한다.

집안에 있을 때

1. **가스 불은 즉시 끈다** : 집이 조금만 흔들려도 주방의 가스 불은 즉시 꺼야 한다. 그렇지 않으면 화재의 위험이 따르기 때문이다.

2. **몸을 보호한다** : 가장 가까이에 있는 방석으로 머리를 감싸되 5 ㎝ 정도 간격을 둔다. 그리고 책상이나 테이블 밑으로 숨는다. 취침중이라면 이불을 뒤집어쓴다.

3. **문을 열어 둔다** : 조금만 흔들려도 출입문과 창문을 열어 두어 출구를 확보해 두어야 한다. 그렇지 않으면, 나중에 집밖으로 나올 수가 없게 된다.

4. **즉시 뛰쳐나오지 않도록 한다** : 문을 열어두었어도 당황하여 금방 뛰쳐나오지 않도록 한다. 즉시 밖으로 뛰쳐나오면, 기와 조각이나 유리 파편이 떨어질 가능성이 있기 때문이다.

5. **집으로 되돌아가지 않는다** : 건물 밖으로 나온 이상, 물건을 가지러 다시 집으로 돌아가지 않는다. 함부로 집으로 들어갔다가 더 큰 재해를 당하는 수가 있다.

6. **이웃 사람들과 협조한다** : 지진에 대한 전문 지식이 많은 이웃 일본인들과 서로 협조해야 피해를 줄일 수 있다.

7. **소문에 휘말리지 않아야 한다** : 지진이 났을 때 정확한 정보는 라디오에 의존해야 한다. 가장 주의해야 할 점은 소문에 휘말리지 않도록 한다.

8. **물을 확보한다** : 지진이 멎은 직후에도 아직 수돗물은 나온다. 그러므로 욕조나 세탁기에 즉시 물을 받아 두도록 한다.

6. 항공 정보

한국 항공 회사

대한 항공

동경	03-5443-3311	삿뽀로	011-210-3311
오사카	06-6264-3311	아오모리	017-721-3311
히로시마	082-211-3311	아끼따	018-866-3330
나고야	052-586-3311	니이가따	025-244-3311
후꾸오까	092-441-3311	코오베	078-222-3232
센다이	022-213-3221	오까야마	086-221-3311

아시아나 항공

동경	03-5572-7651	센다이	022-265-0022
오사카	06-6229-3939	마쯔야마	089-934-0889
히로시마	082-246-9900	후꾸시마	024-935-8150
나고야	052-222-7888	오끼나와	098-869-7701
후꾸오까	092-263-2888	돗또리	0859-38-3371
토야마	076-441-6101	미야기	0985-35-0011
타까마쯔	087-826-3040		

일본 항공 회사

일본항공(日本航空 = JAL)	0120-255-971
전일공(全日空 = ANA)	0120-029-222
에아 닙뽕(ANK)	0120-029-222
일본 에아 시스템 (JAS)	0120-511-283
일본 에아 코뮤타- (JAC)	0120-511-283

일본 공항 종합 안내소

신찌또세(新千歳) 공항 ······························· 0123-23-0111

하꼬다떼(函館) 공항 ······························· 0138-57-8881

센다이(仙台) 공항 ······································· 022-383-4301

니이가따(新潟) 공항 ······························· 025-275-2633

코마쯔(小松) 공항 ······································· 0761-21-9803

이따미(伊丹) 공항 ······································· 06-856-6781

오까야마(岡山) 공항 ······························· 086-294-5201

히로시마(広島) 공항 ······························· 0848-86-8151

마쯔야마(松山) 공항 ······························· 0899-72-5600

후꾸오까(福岡) 공항 ······························· 092-621-6059

나가사끼(長崎) 공항 ······························· 0957-52-5555

쿠마모또(熊本) 공항 ······························· 096-232-2810

카고시마(鹿児島) 공항 ···························· 0995-58-2114

나하(那覇) 공항 ··· 098-857-6851

7. 한국 대사관 · 영사관

• **한국 대사관** ··· 03-452-7611〜9

• **나고야 총영사관** ································· 052-586-9221〜6

• **니이가따 총영사관** ···························· 025-230-3411. 3400

• **삿뽀로 총영사관** ································· 011-621-0288

• **센다이 총영사관** ································· 022-221-2751

- 시모노세끼 총영사관 ·································· 0832-22-5677
- 오사까 총영사관 ·································· 06-6213-1401〜10
- 요꼬하마 총영사관 ·································· 045-621-4531〜3
- 카고시마 총영사관 ·································· 0992-74-2358
- 후꾸오까 총영사관 ·································· 092-771-0461〜3
- 히로시마 총영사관 ·································· 082-502-1511〜2

8. 가장 값싸게 여행하는 비결

JR 패스권을 이용함

일본은 일반 물가에 비해서 교통비가 엄청나게 비싼 것이 흠이다. 그래서 1주일 내지 2주일 동안 머무르려면 JR 패스 이용권을 한국의 여행사에서 구입하여 일본 공항에 도착해서 JR 패스권으로 바꿔 사용하는 것이 가장 값싸게 먹힌다. JR 패스권을 이용한다면, 서울–오사까 왕복 항공권을 구입하는 것이 가장 값싸게 먹힌다. JR 신칸센(新幹線)을 이용하면, 오사까에서 동경까지 3시간, 후꾸오까까지도 3시간 정도 걸리므로 아주 편리하게 여행할 수 있다.

예약된 호텔 방이 없는 경우

갑작스런 출장이나 여행으로 인해 예약된 방이 없는 경우에는, 어느 지역엘 가나 24시간 영업하는 사우나 장(요금 2,000엔 전후)이 있으므로, 그곳을 이용하도록 한다. 24시간 영업하는 곳은 심야 추가 요금(대략 1,000엔 미만)만 지불하면 된다. 간혹 24시간 영업하지 않는 사우나 장도 있으므로 꼭 확인해야 한다.